MONIKA FRENZEL

INNSBRUCK

DER STADTFÜHRER

Fünfte, aktualisierte Auflage

Tyrolia-Verlag
Innsbruck-Wien

VORWORT

INNSBRUCK

eine stadt stellt sich vor

DIE ALPENMETROPOLE IM ZENTRUM EUROPAS

Die günstige geografische Lage Innsbrucks war schon immer ausschlaggebend für Wachstum und Wohlstand der Stadt: Genau im Schnittpunkt zwischen Nord-Süd und Ost-West gelegen, galt die Stadt bereits im Mittelalter als bedeutender Handels- und Warenumschlagplatz. Als dann die Tiroler Habsburger 1420 ihre Residenz von Meran nach Innsbruck verlegten, war der Aufstieg unaufhaltbar. Unter Kaiser Maximilian I., der seine wichtigsten Kammern und Ämter in Innsbruck einrichtete, galt die Tiroler Residenz als seine „heimliche Hauptstadt". Bis 1665 blieb Innsbruck habsburgische Residenz, in der Folge wurde die Stadt zentral von Wien durch Gouverneure regiert. 1849 wurde Innsbruck dann Landeshauptstadt von Tirol.

NATUR TRIFFT KULTUR

Umgeben von einem grandiosen Alpenszenario inmitten einer Ferienlandschaft, bietet Innsbruck neben zahlreichen sportlichen Möglichkeiten auch ein anspruchsvolles Kulturprogramm. Ein Nebeneinander von Sport und Kultur auf hohem Niveau prägt die „Schatzkammer der Alpen", wie Innsbruck gerne genannt wird. Traditionelles wechselt mit moderner Kunst – Festwochen für Alte Musik, Internationaler Tanzsommer, Promenadenkonzerte, Hoffeste Kaiser Maximilian I., New Orleans Jazz-Festival usw. sind nur einige Beispiele aus der großen Anzahl hochkarätiger Veranstaltungen.

HABSBURGER ALS TOURISMUSMAGNET

Österreichs Herrscherdynastie präsentiert sich in Innsbruck in der Hofburg, der Hofkirche und auf Schloss Ambras. Diese kulturellen und touristischen Highlights ziehen auch heute noch unzählige Menschen in ihren Bann. Die Hofburg in Innsbruck ist das drittwichtigste historische Gebäude Österreichs, nach Schönbrunn und der Hofburg Wien. Kaiser Maximilian I., Maria Theresia oder Kaiserin Elisabeth („Sisi") sind die „Shootingstars" der Vergangenheit. Der moderne Besucher sehnt sich nach diesen „Geschichten aus einer anderen Zeit" – bei aller historischen Exaktheit sind es die Anekdoten, das Wissen hinter

Blick von der Ottoburg in die Altstadt

den großen Ereignissen, die Zusammenhänge, die Geschichte so spannend und interessant machen.

Der Stadtführer Innsbruck möchte neben zahlreichen nützlichen Informationen und historischen Fakten auch jene Hintergrundsgeschichten beleuchten, die nicht Allgemeingut sind. Der Moderne in Tirol einen genauso wichtigen Stellenwert beizumessen wie der traditionellen Brauchtumspflege ist unerlässlich. Die speziellen Tipps wurden gewissenhaft recherchiert und sollen dem Gast helfen, sich in Tirol und vor allem in Innsbruck zurechtzufinden.

Viel Freude bei der Lektüre dieses Stadtführers.

DR. MONIKA FRENZEL

INHALTSVERZEICHNIS

INHALTSVERZEICHNIS

KAPITEL 01

GESCHICHTE

ein (kultur-)historischer rückblick

MAX · RŌ ·
REX

mbrofius de
is · mlanen
pinxit
1502

Ambrogio de Predis, Maximilian I., 1502, © KHM

Veldidena, Modell aus dem Ferdinandeum

Der Name Innsbruck bedeutet Brücke über den Inn, „insprucke" oder „insprugge" waren die Bezeichnungen dieser neuen Ansiedlung, die von den bayerischen **GRAFEN VON ANDECHS-MERANIEN** (die umfangreiche Besitztümer im Inntal hatten) gegründet wurde. Ihre Burg „Omeras" (Ambras) auf der gegenüberliegenden Talseite wurde 1133 zerstört, aber wieder aufgebaut. Die Grafen von Andechs siedelten sich, nachdem sie Gründe im Tauschwege von Stift Wilten bekommen hatten, innseitig an. Sie ließen eine Residenz erbauen (Andechshof) und errichteten **1180** die erste hölzerne Innbrücke, die beide Ufer miteinander verband. Zudem gab es noch einen Fährverkehr zwischen „Anbruggen" (St. Nikolaus) und dem neuen Marktflecken, der sich dank seiner günstigen strategischen Lage sehr rasch entwickelte. Bereits 1239 urkundlich als „urbs Oenipons" (Stadtrechtsurkunde) erwähnt, war es vor allem der mittelalterliche Warenverkehr, der der Stadt zur frühen Blüte verhalf. Der Brenner, der schon seit 15 v. Chr. straßenmäßig erschlossen war, galt als einfacherer Übergang als der unberechenbare Reschenpass. Trotz

dem durchquerte man möglichst schnell das „Land im Gebirge" („terra intra montes"), galt es doch als rau, unwirtlich und gefährlich.

Die **PRÄMONSTRATENSER** kamen bereits **1138** nach Wilten und gründeten ihr Stift. Es kann dort eine kontinuierliche Besiedlung seit den Römern nachgewiesen werden. Das römische Kastell **VELDIDENA** (Wilten) diente als Nachschublager und manch alter Veteran, der den Weg nach Rom nicht mehr schaffte, ließ sich hier nieder. Rund um Veldidena fanden sich Spuren aus dieser frühen Besiedlung (s. S. 68). Aus der Symbiose der Bevölkerung entstanden die Rätoromanen, deren Sprache sich in einigen abgelegenen Alpentälern (Engadin, Friaul, Dolomiten) als Ladinisch bis heute erhalten hat.

Nach dem Aussterben der Andechser **1248** ging das Land im Erbweg an die **GRAFEN VON TIROL,** die auf Schloss Tirol bei Meran residierten. Der politische Schwerpunkt lag zu dieser Zeit eindeutig im Süden des Landes, Innsbruck war nach wie vor ein Handelsschwerpunkt, bereits arg be

Schloss Tirol bei Meran

drängt vom aufstrebenden Hall, das durch seine Salzvorkommen (Stadterhebung 1303) wirtschaftlich florierte.

GRAF MEINHARD II. von Görz-Tirol (gest. 1295) vereinigte erstmals die beiden Landesteile nördlich und südlich des Brenners und schuf die **GRAFSCHAFT TIROL.** Als Vasall der Bischöfe von Brixen und Trient versuchte er, die politische Macht an sich zu reißen, was ihm durch endlose Kriege (und daraus resultierenden mehrmaligen Bestrafungen mit dem Kirchenbann) schließlich auch gelang. Seine Söhne verspielten das politische Kapital – die Enkelin Meinhards, **MARGARETE MAULTASCH,** übertrug das Land **1363** an Herzog **RUDOLF IV. VON HABSBURG.** Selbst mit einem Wittelsbacher verheiratet, vererbte die letzte Gräfin von Tirol das Land den Habsburgern, was in der Folgezeit zu manchen Irritationen im bayerisch-tirolischen Nachbarschaftsverhältnis führte. Für die **HABSBURGER** waren Tirol und die Vorlande die äußerste Bastion im Westen. Wohl wissend, dass sie ein reiches Land erworben hatten, gewährten sie Tirol von Anfang an besondere Rechte. Als Dank stifteten die Brüder Rudolfs, Albrecht III. und Leopold III., den für die Landesgeschichte so bedeutenden Altar von Schloss Tirol (um 1370), der als einer der ältesten erhaltenen Flügelaltäre gilt (s. S. 78).

1420 verlegte **HERZOG FRIEDL (IV.) MIT DER LEEREN TASCHE** (1382–1439) seine Residenz nach Innsbruck: Mit dieser Entscheidung begann der eigentliche Aufstieg und die herausragende Bedeutung Innsbrucks als **HABSBURGISCHER REGIERUNGSSITZ.** Friedl ließ den sogenannten „Neuhof" erbauen (zweite Residenz nach dem Andechshof) und häufte, trotz seines Beinamens, viele Reichtümer an. Der als Schimpfwort gedachte Name wurde ihm von seinen politischen Gegnern, die sich im Elefanten- und später im Falkenbund zusammengeschlossen hatten, während seiner Gefangennahme beim Konzil von Konstanz (1414–1418) gegeben. Seine Unterstützung für Johannes XXIII. (der als Gegenpapst unterlag) brachte ihm Arrest und die Einziehung all seiner Besitztümer durch Kaiser Sigismund von Luxemburg ein. Friedl aber gelang es zu fliehen. Auf abenteuerliche Weise kam er nach Tirol zurück,

ZEITTAFEL

innsbrucks geschichte im überblick

15 v. Chr.	Bau einer Straße über den Brenner, Nachschublager Veldidena
1027	Bischöfe von Brixen und Trient bekommen das „Land im Gebirge" von deutschen Kaisern verliehen – garantieren freies Geleit, weltliche Vögte vollziehen dies
1138	Prämonstratenser in Wilten
um **1180**	Bau der 1. Innbrücke („insprugge") unter Graf Berchtold IV. von Andechs
1239	Erste Urkunde, die Innsbruck als Stadt erwähnt
1276–1295	Meinhard II. von Görz-Tirol vereinigt beide Landesteile zur „Grafschaft Tirol"
1363	Tirol kommt an das Haus Habsburg, Residenz auf Schloss Tirol bei Meran
1420	Herzog Friedl IV. (mit der leeren Tasche) verlegt die Residenz nach Innsbruck
1486	Prägung Taler oder Guldiner in Hall unter Erzherzog Sigmund dem Münzreichen
1459–1519	Maximilian I., 1490 Landesfürst von Tirol
1500	Fertigstellung des Goldenen Dachls: Prunkerker für Maximilian I.
1508	Kaiserproklamation in Trient
1502–1584	Grabmalsprojekt von Kaiser Maximilian I.
1553–1563	Bau der Hofkirche
1564–1595	Erzherzog Ferdinand II. – Hofhaltung in Schloss Ambras, später in der Ruhelust und der Hofburg
1612–1618	Regentschaft Erzherzog Maximilians III., des Deutschmeisters
1626–1647	Landesfürst Leopold V.,
	verheiratet mit Claudia de' Medici, nach seinem Tod 1632 Regentschaft von Claudia
1629	Bau des Comediehauses
1647–1662	Regentschaft von Erzherzog Ferdinand Karl, verheiratet mit Anna de' Medici
1654	Bau des Hofopernhauses
1655	Königin Christina von Schweden konvertiert in Innsbruck zum Katholizismus, l'Argia von Cesti uraufgeführt
1662–1665	Erzherzog Sigmund Franz' plötzlicher Tod 1665; blieb kinderlos
1665	Aussterben der Tiroler Linie der Habsburger, Zentralregierung von Wien aus
1669	Gründung der Universität unter Kaiser Leopold I.
1703	„Boarischer Rummel" (Spanischer Erbfolgekrieg), Annasäule als Dank für Befreiung
1717–1722	Neubau der Stadtpfarrkirche St. Jakob im hochbarocken Stil
1740–1780	Regentschaft von Maria Theresia, verheiratet mit Franz Stephan von Lothringen
1765	Hochzeit von Erzherzog Peter Leopold mit Maria Ludovica von Bourbon, Tod Franz' I.; Spätbarocke Umgestaltung der Hofburg in zwei Etappen
1793–1805	Erzherzogin Elisabeth, Tochter Maria Theresias, erste und einzige Äbtissin des Innsbrucker Damenstiftes
1805–1814	Tirol ist mit Unterbrechungen bayrisch
1809	Tiroler Freiheitskriege, vier Bergisel-Schlachten, Kommandant Andreas Hofer
1810	Erschießung Andreas Hofers in Mantua

wo er seine Ämter zurückerhielt und – durch den expandierenden Bergbau des Landes – zu einem der reichsten Regenten Tirols wurde.

Sein Sohn **SIGMUND DER MÜNZ-REICHE** (1427–1496) schuf einen neuen Schwerpunkt, indem er 1477 die **MÜNZSTÄTTE VON MERAN NACH HALL** verlegen ließ, um näher an den reichen Silberquellen von Schwaz zu sein. Zudem leitete er eine große Münzreform ein, die ihm seinen Beinamen „der Münzreiche" eintrug. Europaweite Bedeutung erlangte 1486 die Prägung des **TALERS** (auch „Guldiner"): Dieser Silbertaler war das Äquivalent des Goldguldens und wurde als neues Währungssystem eingeführt. Zum „Erzherzog" wurde er 1477 von Kaiser Friedrich III. ernannt.

Seine erste Gemahlin, die schottische Königstochter **ELEONORE,** trug viel zur kulturellen Blüte dieser Epoche bei, indem sie bedeutende Gelehrte, Humanisten und Künstler an den Innsbrucker Hof berief. Die wirtschaftliche Blüte des Landes, bedingt durch den Bergbau und die hohen Zolleinnahmen, schuf die Voraussetzungen für ein prächtiges Hofleben. Sigmund begann mit der Errichtung der Hofburg, weitere Jagd- und Lustschlösser folgten. Je älter er wurde, desto weniger konnte er seine Verschwendungssucht zügeln und desto höher stieg sein Geldbedarf. In seiner Geldnot begann er, Teile Tirols an Bayern zu verpfänden und als Ablenkung der innenpolitischen Krise einen völlig sinnlosen Krieg gegen Venedig 1487 vom Zaun zu brechen. Zunächst schalteten sich die Ständevertretung, dann Kaiser Friedrich III. persönlich ein: Sigmund wurde zur Abdankung gezwungen.

1848	Revolutionsjahr, Kaiser Ferdinand der Gütige nimmt Aufenthalt in der Hofburg
1849	Innsbruck wird Landeshauptstadt
1858	Eisenbahn nach Kufstein
1867	Eröffnung der Brennerbahn
1906	Standseilbahn auf die Hungerburg
1911	Gründung der Literaturzeitschrift „Der Brenner" durch Ludwig von Ficker
1914–1918	Erster Weltkrieg
1919	Friedensvertrag von St. Germain: Südtirol fällt an Italien
1926–1927	Erste Sprungschanze am Bergisel, 1933 und 1936 FIS-Schiweltmeisterschaften
1938	„Anschluss" Österreichs an das Deutsche Reich
1939–1945	Zweiter Weltkrieg
1943	Folgenschwerster aller 22 Bombenangriffe
1945–1955	Wiederaufbau der zerstörten Stadtteile, Innsbruck liegt in der französischen Zone
1955	Staatsvertrag
1962	Eröffnung des Alpenzoos
1964	Innsbruck wird eine eigene Diözese
1964/1976	Olympische Winterspiele
1976	Gründung der Innsbrucker Festwochen für Alte Musik durch Prof. Otto Ulf
2001/2002	Bau der neuen Bergisel-Sprungschanze durch Zaha Hadid
2005	Winteruniversiade und Eishockey-Weltmeisterschaft
2008	Host City für die Fußball-Europameisterschaft 2008
2012	1. Olympische Jugend-Winterspiele in Innsbruck und Seefeld

GESCHICHTE

Sigmund der Münzreiche mit seinen Frauen, Habsburger-Stammbaum auf Schloss Tratzberg

An seiner Stelle kam 1490 der junge **MAXIMILIAN I.** (1459–1519) als **LANDESFÜRST VON TIROL** an die Regierung. Tirol wurde für den Herrscher schon allein durch seine besondere geografische Lage das natürliche Zentrum seiner Politik. In Innsbruck etablierte er wichtige Ämter und Verwaltungsbehörden (z. B. die Finanzkammer des Reiches), hier ging er leidenschaftlich gerne auf die Jagd. So wurde Innsbruck zum größten Waffen- und Rüstungsdepot der österreichischen Erblande. Harnischherstellung wie Geschützgießereien hatten Hochkonjunktur. Durch sein Grabmalsprojekt gewann der Bronzeguss europäischen Ruf. Viele bedeutende Künstler (u. a. Albrecht Dürer, Hans Burgkmair, Jörg Kölderer, Albrecht Altdorfer) arbeiteten nach den Vorstellungen des Kaisers, der seine Biografie im „Weisskunig", seine Abenteuer im „Theuerdank" und seine Turniere und Mummereien im „Freydal" diktierte und festlegte. An der Wende zwischen Spätgotik und Renaissance stehend, war er allem Neuen aufgeschlossen und nutzte den Buchdruck für politische Propaganda, setzte die Porträtmalerei für

politische und persönliche Reputation ein und ließ bezahlte Landsknechte anstelle von Ritterheeren in den Krieg ziehen. Seine „gedechtnis" (Erinnerung) lebt in Innsbruck, seiner bevorzugten Residenz, noch heute fort: Die historische Altstadt, das Goldene Dachl, die Fertigstellung der Hofburg, das Zeughaus und sein Grabmalsprojekt bezeugen seine umfassende kulturhistorische Bedeutung.

1493 heiratete er Bianca Maria Sforza, Tochter des Galeazzo Maria Sforza aus Mailand, welche die Innsbrucker Hofburg bewohnte.

Nachfolger in Tirol wurde sein Enkel **FERDINAND I.** (1503–1564), der das Testament seines Großvaters umzusetzen hatte. Er beschloss, eine eigene Kirche errichten zu lassen, die das gewaltige Grabmal aufnehmen sollte (s. S. 41ff), verfügte 1555 über einen Figurenstopp (28 der ursprünglich 40 geplanten Figuren wurden fertiggestellt) und beauftragte **ALEXANDER COLIN** mit den Arbeiten am Kenotaph. Colin brachte die flämische Hochrenaissance nach Innsbruck und schuf mit den Marmorreliefs und Bronzefiguren am Kenotaph ein unvergängliches Werk.

Innsbruck 1556,
Schwazer Bergwerksbuch, Ferdinandeum

JÜNGERE LINIE DER TIROLER HABSBURGER

Auch unter seinem Sohn, **ERZHERZOG FERDINAND II.** (1529–1595), wurde noch bis 1584 am Grabmalsprojekt weitergearbeitet – wohl einzigartig in der Geschichte, dass drei Generationen zum ewigen Ruhm des Hauses Habsburg an einem Kunstwerk arbeiteten! Ferdinand II., in erster Ehe mit der Augsburger Bürgerstochter Philippine Welser verheiratet, schenkte seiner nicht standesgemäßen Gemahlin Schloss Ambras als Wohnsitz. Noch von Prag aus, wo er als Statthalter tätig war, ließ er die Burganlage zu einem prächtigen Renaissanceschloss umgestalten. Zudem ist er als einer der größten Kunstsammler des Hauses Habsburg in die Geschichte eingegangen: Seine heute noch bestehende Kunst- und Wunderkammer auf Ambras wird als ältestes Museum Mitteleuropas bezeichnet und beinhaltet eine Fülle von Kunstobjekten und Kuriositäten (s. S. 60ff, 81f). Ferdinand II. gilt auch als wichtiger Gartenschöpfer, der aus dem Hofgarten eine bedeutende Renaissance-Gartenanlage machte und zudem die Gärten von Ambras und der Ulfiswiese (heute Flughafen)

anlegen ließ. Das prächtige Hofleben mit all seiner Festkultur ist in verschiedenen Codices überliefert. Mit seiner zweiten Gemahlin, der Mantuanerin Anna Caterina Gonzaga (1566–1612), lebte er meist in der „Ruhelust", einem kleinen Schlösschen im Hofgarten.

Unter seinem Nachfolger Erzherzog **MAXIMILIAN III., DEM DEUTSCHMEISTER** (1558–1618; ab 1602 Gubernator, ab 1612 Landesfürst), wurde Innsbruck eine stille Residenz. Als Mitglied des Deutschen Ordens lebte Maximilian III. ohne große Hofhaltung äußerst sparsam und konnte so die Finanzen wieder sanieren, die vor allem durch die vielen Kunstankäufe seines Vorgängers arg in Mitleidenschaft gezogen worden waren. Der streng religiöse Herrscher zog sich häufig zu den Kapuzinern in seine „Eremitage" zurück. Diese Abfolge von kleinsten Räumlichkeiten (Betzimmer, Wohnraum, Schlafkammer, Küche und Oratorium) waren alle mit Tuffstein ausgekleidet. Sein **GRABMAL** von Caspar Gras im Innsbrucker Dom ist ein bedeutendes Kunstwerk des Bronzegusses des 17. Jahrhunderts (s. S. 32f).

Caspar Gras, Leopold V. und Claudia de' Medici, 1628, Ferdinandeum

Die folgende Generation von Landesfürsten hatte eine starke Beziehung zu Italien und liebte das prächtige Hofleben, vor allem aber das neue Medium Oper: **LEOPOLD V.** (1586–1632) heiratete 1626 **CLAUDIA DE' MEDICI,** ihr Sohn **FERDINAND KARL** (1628–1662) nahm sich **ANNA DE' MEDICI** (1616–1676) zur Gemahlin. Viele italienische Künstler waren nun am Innsbrucker Hof zu finden, allen voran der Komponist **PIETRO ANTONIO CESTI** (1623–1669), der durch seine Opern (l'Argia, Uraufführung 1655 aus Anlass des Aufenthaltes und der Konvertierung von Christina von Schweden) Innsbruck einen frühen Ruhm in der Musikgeschichte sicherte. Zwei Opernhäuser (Comediehaus und Hofopernhaus) leistete sich Innsbruck in einer Zeit, wo anderswo der Dreißigjährige Krieg tobte! Nach dem frühen und unerwarteten Tod des letzten kinderlosen Landesfürsten **SIGISMUND FRANZ** (1630–1665) starb die Tiroler Linie der Habsburger 1665 aus.

KAISER LEOPOLD I. (1640–1705), selbst ein glühender Verehrer des neuen Mediums Oper, holte Cesti nach Wien und gründete in Innsbruck **1669** die **LEOPOLD-FRANZENS-UNIVERSITÄT.** Das Ende der habsburgischen Tiroler Linie bedeutete auch für Innsbruck einen schweren Verlust: Die nachfolgenden Gouverneure hatten nicht mehr dieselben Möglichkeiten wie zuvor die Landesfürsten – Innsbruck wurde allmählich zur Provinzstadt.

Als **MARIA THERESIA** (1717–1780) bei ihrer Hochzeitsreise, die sie in die Toskana führte, nach Innsbruck kam, beschloss sie, die inzwischen völlig veraltete Hofburg (15./16. Jh.) umzubauen. Langsam kehrte wieder höfisches Leben nach Innsbruck zurück. Ein zweites Mal weilte die Herrscherin mit ihrem Gemahl Kaiser Franz I. und den älteren Kindern in Innsbruck, um hier die Hochzeit ihres Sohnes **PETER LEOPOLD** (Kaiser Leopold II. 1747–1792) mit **MARIA LUDOVICA** von Bourbon zu feiern. Mit der Wahl Innsbrucks als Vermählungsort ersparte man der Braut einen Teil ihrer beschwerlichen Reise. Für das Brautpaar war die Toskana als Regentschaft vorgesehen (Secundogenitur), sodass sich die Reise nach Wien durch die Hochzeitsfeiern in Innsbruck erübrigte. 14 Tage hindurch wurde gefeiert, gegessen, getanzt, Opern besucht, gejagt und sich amüsiert, als dann am 18. August 1765 das Unglück passierte. Der Kaiser musste die Oper wegen Übelkeit verlassen und brach in einem Zimmer der Hofburg zusammen. Er starb an den Folgen eines Herzinfarkts, nur im Beisein seines Sohnes Joseph II. Die Bestürzung und Trauer waren grenzenlos, der tote Kaiser wurde per Schiff nach Wien transferiert und in der Kapuzinergruft beigesetzt.

Frans Luycx,
Erzherzog Ferdinand Karl, um 1650, © KHM

Maria Theresia veranlasste daraufhin, dass der Raum, in dem ihr Gemahl verstorben war, zu einer **KAPELLE** umgestaltet wurde. Außerdem ließ sie die **TRIUMPHPFORTE** mit einer Trauer- (Norden) und einer Hochzeitsseite (Süden) ausstatten sowie ein Damenstift errichten. Dort sollten zwölf adelige Damen täglich für die Seele des toten Kaisers beten. Die erste und einzige Äbtissin des Stifts wurde **ERZHERZOGIN MARIA ELISABETH,** eine Tochter Maria Theresias, dann folgten Dechantinnen, da der Titel „Äbtissin" nur Mitgliedern des Erzhauses vorbehalten war. Elisabeth, durch eine Pockenerkrankung verunstaltet, wurde im Volksmund „kropferte Liesl" genannt. Bei Ausbruch der Kriegswirren 1805 verließ die Erzherzogin Tirol, nicht ohne vorher die Tiroler zum Widerstand gegen die französisch-bayerische Allianz aufzurufen.

Die Erzherzogin brachte nochmals einen Hauch höfischen Lebens in die einstige Residenzstadt und ließ einen Teil des Hofgartens nach dem Grundsatz von Jean-Jacques Rousseau – „Retournons à la nature" – umgestalten. So tummelten sich im „Kleinen Hofgarten" plötzlich Schafe, Kühe und Hühner, auch ein Bauernhof wurde errichtet. Versailles, wo ihre Schwester Marie-Antoinette das Dörfchen Hà-

meaux erbauen ließ, war das große Vorbild. Der **GROSSE HOFGARTEN** wurde Ende des 18. Jahrhunderts dem Publikum geöffnet, allerdings musste der Hofgärtner Jakob Trieth darauf achten, „... dass nur distinguierte Personen den Hofgarten betreten".

Nun folgte eine äußerst schwierige Zeit für Tirol, die in den **TIROLER FREIHEITSKÄMPFEN** ihren Höhepunkt fand. Als der bayerische Kurfürst Max IV. Joseph auf die Seite Napoleons übertrat, standen sich die ehemaligen Verbündeten Österreich und Bayern plötzlich als Feinde gegenüber. Die bayerische Königswürde war der Lohn dafür, im Kriegsfall sollte Tirol an Bayern fallen. **1805,** nach der Schlacht von Austerlitz (Sieg Napoleons über die Verbündeten Russland und Österreich), musste Österreich im Frieden von Pressburg **TIROL AN BAYERN** abtreten. König Max I. Joseph nahm sein neu gewonnenes Land – unter Versprechungen der Beibehaltung der Verfassung und anderer Sonderrechte – in Besitz; Karl Graf Arco wurde Generalkommissär für Tirol. Die Angleichung an die bayerische Verfassung brachte erste Schwierigkeiten – drastisch erhöhte Steuern, eine

Andreas-Hofer-Denkmal am Bergisel, Heinrich Natter, 1893

Geldreform und die Anpassung an das Gerichtswesen waren die Folgen. Der bayerische Staatsminister Montgelas setzte rücksichtslos sein zentralistisches Staatssystem durch. Das Verbot der Ausübung kirchlicher Bräuche traf die ländliche Bevölkerung tief, und als selbst der Name Tirol von der Landkarte verschwand, begann es im Land zu brodeln. Nach einer Rekrutierungsverordnung im März 1809 griffen die Bauern zu den Waffen. Man verstand in Tirol nicht, dass nicht einmal mehr das **LANDLIBELL** von Kaiser Maximilian I. (1511) seine Gültigkeit hatte. Es besagte, dass kein Tiroler zu fremden Kriegsdiensten verpflichtet werden könnte, dafür müsste man aber das Land selbst verteidigen.

Am 25. und 29. Mai kam es zu den ersten beiden **BERGISEL-SCHLACHTEN,** bei denen es **ANDREAS HOFER** mit seinen Schützen und dem Landsturm gelang, die Bayern zu besiegen. Tirol war fürs Erste wieder frei – nach der für den Kaiser siegreichen **SCHLACHT BEI ASPERN** (21. und 22. Mai 1809) unter Erzherzog Carl schickte Franz I. das „Wolkersdorfer Handbillet" (25. Mai) nach Tirol, in dem er versprach, das Land nie wieder der Fremdherrschaft auszusetzen. Doch dieses Versprechen währte nur kurze Zeit, denn schon nach dem Sieg Napoleons bei **WAGRAM** wurde im Waffenstillstand von **ZNAIM** (12. Juli) Tirol abermals an Bayern abgetreten – eine ausdrückliche Bedingung Napoleons. Andreas Hofer glaubte unerschütterlich an des Kaisers Treue und konnte die wechselnden Voraussetzungen nicht akzeptieren. Er wurde Oberbefehlshaber der Tiroler. Es kam zur dritten großen **ENTSCHEIDUNGSSCHLACHT** am 13. August auf dem **BERGISEL** (Darstellung im Riesenrundgemälde im Museum Tirol Panorama): Ungefähr 15.000 Landstürmer kämpften gegen ein zahlenmäßig gleich starkes Heer von Bayern und Franzosen. Diesmal errangen die Tiroler alleine, ohne Hilfe aus Wien, einen großen militärischen Sieg. Andreas Hofer wurde **OBERKOMMANDANT FÜR TIROL** und regierte im Namen des Kaisers in der Hofburg (Räume 1. Stock). Seine Obrigkeitstreue war ungebrochen, er veranlasste strenge Verordnungen, um die sittliche Haltung der Tiroler Schützen in Innsbruck zu heben. Als im **OKTOBER 1809** der **FRIEDE VON SCHÖNBRUNN** unterzeichnet wurde, der die endgültige Aufgabe der

Karl von Blaas, „Auslieferung Hofers auf der Pfandleralm"

tirolischen Gebiete festlegte, konnte dies Hofer nicht glauben. Von Fanatikern, allen voran **PATER HASPINGER,** umgestimmt, kam es zur **VIERTEN BERGISEL-SCHLACHT** am 1. November 1809. Dieser Kampf war schnell entschieden: Die Tiroler Befestigungen hielten dem schweren Artilleriefeuer der Bayern nicht stand. Hofers Gefolgsleute kämpften in Südtirol weiter, konnten aber der Übermacht der einrückenden Franzosen nicht standhalten. Hofer selbst floh auf die Pfandleralm, wo er von Raffl verraten wurde. Ein Kriegsgericht in Mantua verurteilte Andreas Hofer auf Befehl Napoleons zum Tod durch Erschießen. Durch seinen aufrechten Tod am 20. Februar 1810 wurde der einfache Sandwirt zum **HELDEN** und europaweit zum Symbol für den **WIDERSTAND GEGEN NAPOLEON.** Erst der Sturz Napoleons machte der Fremdherrschaft ein Ende: 1814 wurde Tirol wieder mit Österreich vereint.

Nach dieser für Tirol so schwerwiegenden und turbulenten Zeit folgte der **VORMÄRZ** (1815–1848), der geprägt war durch das autoritäre System des österreichischen Staatskanzlers Metternich. Man zog sich, aus Angst vor Bespitzelung, immer mehr auf den häuslichen Bereich zurück, das Biedermeier fand in kulturellen Belangen seinen Ausdruck. Kleinere liberale Gruppen, vor allem Künstler, Studenten und Akademiker, standen unter Beobachtung der Polizei. Im Revolutionsjahr 1848 flüchtete Kaiser **FERDINAND I.** (der Gütige) mit seiner Familie nach Innsbruck und logierte in der Hofburg. **1849** wird Innsbruck anstelle von Meran **LANDESHAUPTSTADT.**

Der Anschluss an das internationale **EISENBAHNNETZ** (1858 Unterinntal, 1867 Brennerbahn, 1884 Arlbergbahn, 1912 Mittenwaldbahn) förderte auch den Fremdenverkehr, der allerdings im Süden des Landes seinen Ursprung hatte. Der Schiffsverkehr auf dem Inn wurde eingestellt, da er durch die neue Bahnlinie unrentabel wurde. Langsam siedelten sich auch die ersten Industriebetriebe an.
Während der **„GRÜNDERZEIT"** (1848–1918) herrschte ein allgemeiner Bauboom, es entstanden öffentliche Gebäude im Stil des Historismus. Baustile früherer Epochen wurden wiederentdeckt, sie fanden in der Neugotik (Pfarrkirche St. Nikolaus), Neuromanik (Höttinger Pfarrkirche) und Neo-Re-

Albin Egger-Lienz, Mütter, 1922/23, Ferdinandeum

naissance (Ferdinandeum) ihren Ausdruck. Ganze Viertel wurden neu errichtet, es kam zur Verbauung der östlichen und westlichen Maria-Theresien-Straße. Anstelle von Gärten wurden gründerzeitliche Häuserblocks und neue Straßenzüge errichtet. Der Saggen, einst landesfürstliches Jagdgebiet, wurde Ende des 19. Jahrhunderts im Stil des Historismus mit Villen verbaut. Daneben entstanden im Blocksaggen erste große Wohnblöcke als Zinsvillen mit begrünten Innenhöfen.

Maler wie **FRANZ V. DEFREGGER** (1835–1921) und **ALBIN EGGER-LIENZ** (1868–1926) aus Osttirol schafften den internationalen Durchbruch – so wurde Defregger der Biedermeiermaler der feinen Gesellschaft, während Egger zum Wegbereiter des modernen Expressionismus wurde. 1910 gründete **LUDWIG VON FICKER** die Zeitschrift „Der Brenner", die es in kürzester Zeit schaffte, sich zu profilieren. Bekannte Namen wie Georg Trakl, Else Lasker-Schüler, Hermann Broch und Adolf Loos waren im „Brenner-Kreis" zu finden.

Nach den Schrecken des Ersten Weltkriegs und der folgenden Wirtschaftskrise kam der noch junge Fremdenverkehr ins Stocken. Auf dem Gebiet der

Kunst kam es zu beachtlichen Leistungen. In der Zwischenkriegszeit hinterließen berühmte Architekten ihre Spuren in Innsbruck: **LOIS WELZENBACHER** (Adambräu, Hochhaus, Parkhotel Hall), **FRANZ BAUMANN** (Begründer der modernen Alpin-Architektur, Tal- und Bergstationen Hungerburg, Seegrube und Hafelekar 1929, Baumannstube im Weinhaus Happ) oder **CLEMENS HOLZMEISTER** (Kirche Allerheiligen) zählen zu den bedeutendsten Architekten Österreichs in dieser Epoche. **ALFONS WALDE** (1891–1958) prägte den frühen Fremdenverkehr durch Plakate und Postkarten. Seine Motive kamen vor allem aus dem Wintersport. **PRACHENSKY, NIKODEM UND WEBER-TYROL** gelten ebenfalls als

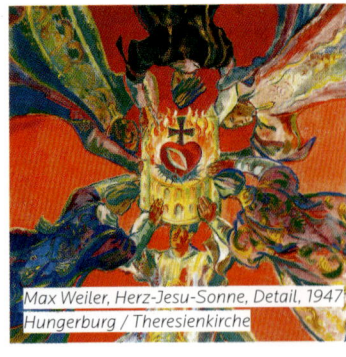

Max Weiler, Herz-Jesu-Sonne, Detail, 1947, Hungerburg / Theresienkirche

Pioniere der frühen Moderne in Tirol. Ihre Bilder sind im Tiroler Landesmuseum Ferdinandeum zu finden (s. S. 78).

Im **ZWEITEN WELTKRIEG** erlitt Innsbruck als Gauhauptstadt des NS-Reichsgaus Tirol-Vorarlberg zwischen Dezember 1943 und April 1945 durch 22 Fliegerangriffe schwere Schäden (u. a. Bahnhof, Wilten, südliche Maria-Theresien-Straße, Häuser in der Altstadt, Congresshaus und Dom).

Nach 1945 setzte der Wiederaufbau ein, der beachtliche künstlerische Leistungen hervorbrachte, vor allem unter dem Maler und Bildhauer **HANS ANDRE** (Dom, Servitenkirche, Wilten). Während der französischen Besatzungszeit unter General Emile Béthouard entwickelte sich ein gutes Verhältnis zwischen den Besatzern und den Tirolern. Nach dem Zweiten Weltkrieg war es besonders **MAX WEILER,** der die moderne Kunst in Tirol heimisch machte. Seine berühmten Wandbilder in der **THERESIENKIRCHE** auf der Hungerburg provozierten 1947 einen riesigen Kunstskandal, der darin gipfelte, dass der Maler seine Bilder für zehn Jahre verhängte, aber nicht, wie gefordert wurde, änderte. Dadurch besitzt Innsbruck heute eines der bedeutendsten modernen Kirchenkunstwerke des 20. Jahrhunderts.

Die beiden **OLYMPISCHEN SPIELE,** die 1964 und 1976 in Innsbruck stattfanden, brachten einen Modernisierungsschub für die Stadt: Sportanlagen, Olympiabrücke, Südring als Umfahrung, Wohnanlagen (Olympische Dörfer) und Flughafen wurden gebaut. 1964 wurde Innsbruck eine eigene **DIÖZESE** und die Pfarrkirche St. Jakob zum Dom erhoben (s. S. 31ff).

Olympisches Feuer am Bergisel

Durch das multifunktionale **CONGRESSHAUS** (1973) wurde Innsbruck eine international anerkannte Kongressdestination.

Mit dem Bau der Rathaus-Galerien von **DOMINIQUE PERRAULT,** der Bergisel-Schanze und den Nordpark-Bahnstationen von **ZAHA HADID,** dem BTV-Zentrum von **HEINZ TESAR,** der Wirtschaftsuniversität (SOWI) von **HENKE** und **SCHREIECK,** dem neuen Hauptbahnhof von **RIEGLER** und **RIEWE** sowie dem Kaufhaus Tyrol von **DAVID CHIPPERFIELD** hat Innsbruck Anschluss an die zeitgenössische moderne Architektur gefunden (s. S. 86).

KAPITEL 02

ROUTEN DURCH DIE STADT

innsbruck entdecken

DIE ALTSTADT
pulsierendes zentrum einst & jetzt

ROUTE 01

DAUER
1–2 Std., mit Innenbesichtigung entsprechend länger
ROUTE
Innbrücke – Ottoburg – Altes Regierungsgebäude – Goldener Adler – Kiebachgasse – Herzog-Friedrich-Straße – Historisches Rathaus – Helblinghaus – Goldenes Dachl – Pfarrgasse – Domplatz – Dom St. Jakob
MUSEEN
Museum Goldenes Dachl, Stadtmuseum siehe Kap. 03 – Museen, Seite 83

Die **INNBRÜCKE (1),** die bereits kurz vor 1180 errichtet wurde, gab der von Graf Berchtold IV. von Andechs neu gegründeten Siedlung ihren Namen. „Insprugge" bedeutete nichts anderes als „Brücke über den Inn" und verband die Ansiedlung „Anbruggen" (heute St. Nikolaus und Mariahilf) mit dem von den Andechsern gegründeten neuen Marktflecken. Die Brücke wurde zur Lebensader des neuen Marktfleckens, beim Passieren des Zollhäuschens wurden alle Passanten kräftig abkassiert, was neben dem Niederlagsrecht für Händler viel zum frühen Wohlstand Innsbrucks beitrug. Die erste Urkunde, auf der Innsbruck als Stadt bezeichnet wurde, stammt aus dem Jahr 1239 und enthält eine Bestätigung des Stadtrechts. Die heutige Innbrücke ist eine moderne Konstruktion.

Das Inntor, das in der zweiten Hälfte des 18. Jahrhunderts abgetragen wurde, war eines der vier Stadttore. Richtung Altstadt gehend, erhebt sich links die **OTTOBURG (2),** Herzog-Friedrich-Straße 1, ein mittelalterlicher Wohnturm, der im Volksmund den Beinamen „Ödburg" trug. Als er im 19. Jahrhundert gastronomisch genutzt wurde, nahm man bei der Namensgebung Anleihe an Herzog Otto von Andechs, der gegenüber in der ersten Residenz in Innsbruck, dem **ANDECHSHOF (3),** Innrain 1, residierte. Im Anschluss an die Ottoburg erstreckt sich das **ALTE REGIERUNGSGEBÄUDE (4),** Herzog-Friedrich-Straße 3, einst Sitz der vorderösterreichischen Regierung. Das aus mehreren Häusern zusammengefügte Gebäude war zunächst im Besitz der Familie Tänzl, 1569 wurde es landesfürstlich und als Amtsgebäude verwendet. Unter Erzherzogin Claudia de' Medici wurde 1645 der Claudiasaal errichtet, ein frühbarock getäfelter Festsaal mit geschnitztem

Blick von der Innbrücke auf
den Stadtteil Mariahilf

Allianzwappen (Erzherzogshut, Bindenschild und Medici-Wappen) und
Porträts ihrer Familie. Die barocke Fassade ist ein Werk von Johann Martin
Gumpp d. Ä. (1689/90). Als einziges
hochbarockes Gebäude in der Altstadt
zeigt die Fassade neben Rollwerkkar-
tuschen auch Fruchtgirlanden und
Maskerons. Schräg gegenüber befand
sich bis ins 19. Jahrhundert das städti-
sche **BALLHAUS (5),** das im Erdgeschoss eine große Halle hatte, in der
die Innsbrucker Rodfuhrstation (War-
enniederlage) untergebracht war. Hier
wurden die Warenballen abgeladen
sowie verzollt.

Das älteste Wirtshaus Innsbrucks, der
„GOLDENE ADLER" (6), Herzog-
Friedrich-Straße 6, stammt von 1390
und lag an strategisch hervorragender
Stelle. Neben getäfelten Stuben verfügt dieses Traditionswirtshaus auch
über eine **MARMORTAFEL (7),** auf
der „illustre Gäste, welche in diesem
Hause genächtigt haben" verzeichnet
sind: Neben Maximilian I. finden sich
dort auch Johann Wolfgang von Goe-
the, Metternich, Mozart, Heinrich Heine
und zahlreiche gekrönte Häupter. Eine
andere Tafel erinnert daran, dass auch
der Tiroler Freiheitsheld Andreas Hofer
hier einige Zeit als Kommandant logierte. Auf der Osttseite des Hauses ist eine
Tafel angebracht, die aussagt, dass der
Schöpfer der Tiroler Landeshymne „Zu
Mantua in Banden", der Student Julius
Mosen, ein Sachse aus dem Vogtland,
war, während die Vertonung von Leopold Knebelsberger stammt.

Richtung Süden gehend, gelangt
man zu einem Kreuzungspunkt, der
im Volksmund **„VIERVIECHER-ECK"
(8)** genannt wird. Der Name kommt
von vier unterschiedlichen Wirts-
hausschildern mit Tierdarstellungen:
Roter Adler – Goldener Hirsch – Goldener Löwe und Weißes Rössl. Am
Ende der Seilergasse gegen Westen
befand sich das „Frauen- oder Pi-
ckentor". Auch dieses Stadttor wurde
in der Barockzeit abgebrochen. Vom
Kreuzungspunkt in der Kiebachgasse
hat man einen guten Blick zum Stadtturm. Die engen Gassen mit ihren
bunt gefärbten Häusern vermitteln
auch heute den Eindruck einer spät-
mittelalterlichen Stadt.

An die **„MARIA-THERESIANISCHE
NORMALSCHULE" (9)** in der Kie-

Ottoburg

bachgasse 10 erinnert heute noch eine Tafel; der sehenswerte Innenhof kann im Rahmen von Stadtführungen besichtigt werden.

DER INNENHOF

Der mit seinen kunstvoll geschnitzten, hölzernen Stiegenaufgängen und Balkonen verzierte Innenhof wurde im 17. Jahrhundert erbaut. Die hölzerne Brunnenstatue zeigt den heiligen Florian. Maria Theresia ließ hier, nach Einführung der allgemeinen Schulpflicht, eine staatliche Normalschule mit Kapelle errichten. Diese heute in schlechtem Bauzustand befindliche Johannes-Kapelle war 1879–1905 als erste evangelische Kirche Innsbrucks in Funktion.

Das **„CAFÉ MUNDING" (10)** ist ein Geheimtipp für erlesene Patissierkunst. Nicht unbedingt so friedlich ging es hier bei den Tiroler Freiheitskriegen 1809 zu, wie eine in der Fassade eingelassene Platzgranate berichtet. Eine marmorne Gedenktafel erinnert an die Künstlerfamilie Gumpp, die in diesem Hause wohnte und über vier Generationen das barocke Antlitz Innsbrucks prägte. Darüber befindet sich eine Kartusche mit einem gemalten Maria-Hilf-Bild, das jene Fassung ohne Silberaltar zeigt, die heute nur noch in der Advent- und Fastenzeit im Dom zu sehen ist (s. S. 31ff).

TIPP: In der Adventzeit veranstaltet Per Pedes Stadtführungen® eine Führung zum Thema „Advent im Mundinghaus" (mit Verkostung).

DER INN-SALZACH-TYPUS

Anstelle des Markt- und Burggrabens befand sich früher der Stadtgraben. Die Altstadt entspricht dem Inn-Salzach-Typus, für den hohe, in die Tiefe reichende Häuser mit Lichtschacht, Grabendach, Laubengang, Erker und bunten Fassaden charakteristisch sind.

Durch den Kolbenturm gelangt man in die Herzog-Friedrich-Straße, sie ist die Hauptstraße der Altstadt mit großartigem Blick auf das Goldene Dachl und die Nordkette.

Auf der rechten Seite erinnert ein schmiedeeisernes Wirtshausschild von 1678 an die **„GOLDENE ROSE" (11),** Herzog-Friedrich-Straße 39, eines der vielen Wirtshäuser der Altstadt. Heute ist hier mit **„SWAROVSKI INNSBRUCK"** ein Flagship-Store des Tiroler Traditionsunternehmens untergebracht (s. S. 130).

In der „Goldenen Rose" logierte 1580 Michel de Montaigne. Er hob in seiner Reisebeschreibung vor allem die „Servietten nach französischer Mode" sowie Zinnteller und Himmelbetten hervor – für einen Reisenden des 16. Jh. durchaus Luxusartikel.

Im Haus Herzog-Friedrich-Straße 35 (ehemaliges Stadtrichter-, dann Kohleggerhaus) trifft man in den Arkadengewölben auf eines der interessantesten maximilianischen Kunstwerke, den **QUATERNIONENADLER (12)**. 1495 vom Stadtrichter Walter Zeller in Verehrung für Kaiser Maximilian I. errichtet, wurde er wegen seiner Vierzahl oder Quatern der Wappen so genannt. Es ist die älteste öffentliche Darstellung eines Quaternionenadlers.

Im Anschluss daran befindet sich das Traditionsgasthaus **„ZUM WEISSEN KREUZ" (13)**, Herzog-Friedrich-Straße 31. Hier erinnert eine Tafel an die

Blick in die winterliche Altstadt

ROUTE 01

Quaternionenadler

DER QUATERNIONENADLER

Die Idee des Quaternionenadlers geht auf eine Geschichtstheorie des 14. Jahrhunderts zurück, wonach das „Heilige Römische Reich" auf vier Säulen aufgebaut sei: die vier Herzöge, die vier Markgrafen, die vier Städte und die vier Ritter. Es handelt sich um den Reichsadler (Symbol für das Kaisertum, zweiköpfig), dessen Körper die Darstellung des gekreuzigten Christus trägt (Symbol für das heilige christliche Reich). Die Flügelfelder sind mit Wappen verziert: Waagrecht finden sich die sieben Kurfürsten und jenes des Podestà von Rom (weltliche Macht). Senkrecht finden sich je vier Wappen der vier Herzöge, Markgrafen, Städte, Landgrafen. Oberhalb des Quaternionenadlers befinden sich noch die Wappen der „fünf gesalbten Könige" (Frankreich, England, Sizilien, Schottland), die gleich wie der deutsche König bei ihrer Krönung mit Chrisamöl gesalbt werden. Alle übrigen Wappen beziehen sich auf Maximilian I.

Übernachtung von Leopold Mozart und seinem Sohn Wolfgang Amadé 1769. Der dreizehnjährige Wolfgang gab in Innsbruck, durch das er dreimal reiste, ein Konzert für den Gouverneur Graf Künigl im Palais Wolkenstein-Trapp (Maria-Theresien-Straße 35).

Das gegenüberliegende **„TRAUT-SONHAUS" (14),** Herzog-Friedrich-Straße 22, steht exemplarisch für den sogenannten „maximilianischen Übergangsstil". So bezeichnet man jenen Stil aus spätgotischen und renaissancehaften Elementen, die hier so charakteristisch für den Baustil um 1500 sind: gotisches Maßwerk an den Fensterreliefs und gotische Rippengewölbe in den Arkadengängen (Lauben), während die Malereien bereits der Renaissance zuzuordnen sind. Die Reliefs an den Erkern des **„KATZUNGHAUSES" (15),** Herzog-Friedrich-Straße 16, zeigen Turnier- und Musikantenszenen und stammen aus der Türing-Werkstätte (um 1500). **TIPP:** Das moderne Ambiente des Cafés macht das **„KATZUNG"** zum beliebten Treffpunkt in der Altstadt.

Die Winkler-Apotheke vis-à-vis (Herzog-Friedrich-Straße 25) beherbergt ein **APOTHEKENMUSEUM (16),** das nach persönlicher Rücksprache mit dem Besitzer besichtigt werden kann.

Daneben erhebt sich mächtig der um 1450 erbaute **STADTTURM (17),** von dem man einen wunderbaren Rundblick auf die Dachlandschaft der Altstadt sowie auf das Bergpanorama der Nordkette und der Berge im Süden hat (148 Stufen, 33 m hoch).

Im Anschluss daran steht das **HISTORISCHE RATHAUS (18),** Herzog-Friedrich-Straße 21. Das älteste Amtsgebäude der Stadt wurde 1358 errichtet. Auf der Fassade befindet sich ein Relief mit dem Stadtwappen Innsbrucks (Innbrücke), von Hans Andre 1939 geschaffen.

Gegenüber befindet sich das **„WEINHAUS HAPP" (19),** Herzog-Friedrich-Straße 12, dessen Stuben ein gutes Beispiel der Kunst der Zwischenkriegszeit darstellen: Die „Baumannstube" ist noch weitgehend original erhalten und wurde 1927/28 in dunkler Holzvertäfelung in schweren, abgerundeten Formen erbaut.

Die Fresken an der Hausfassade stammen von Ernst Nepo, 1937, und zeigen im Stil der „Neuen Sachlichkeit" bedeutende Persönlichkeiten der Tiroler Geschichte: Margarete Maultasch, Herzog Rudolf IV., vermutlich Herzog Friedrich IV. und Kaiser Maximilian I. Ein Bauer mit Pfeife betrachtet die historischen Figuren. Daran anschließend folgt das **„HELBLINGHAUS" (20),** Herzog-Friedrich-Straße 10. Es ist nach dem reichen Kauf-

Stadtturm

DER STADTTURM

Vom „Turmstübchen" aus überwachte der Türmer, ob Feinde anrückten oder ein Stadtbrand ausgebrochen war – auch die Uhrzeit rief er aus. Im unteren Teil befand sich die „Kotterin", ein Gefängnis (Vergitterung noch erhalten). Der ursprüngliche spitz zulaufende Turm stürzte im 16. Jahrhundert ein und wurde 1560/61 als „Welsche Haube" im Renaissancestil erneuert.

ROUTE 01

Helblinghaus

genannt, besticht die Fassade durch die Vielfalt der Formen und ihre pastose Farbgebung. Ein beliebtes Fotomotiv für alle Innsbruck-Besucher.

Im Zentrum der Altstadt befindet sich das **GOLDENE DACHL (21),** Herzog-Friedrich-Straße 15, das historische Wahrzeichen Innsbrucks (siehe auch Fotos Seite 3 und 21) . Kaiser Maximilian I. hätte sein „güldenes Dach" nicht besser positionieren können: Jeder, der vom Süden kommend durch die Altstadt Richtung Innbrücke zog, musste daran vorbei und wurde vom Glanz der 2657 feuervergoldeten Kupferschindeln beeindruckt – wahrlich ein Prestigebauwerk des Kaisers. Vom Prunkerker aus konnte er die verschiedenen Veranstaltungen wie Turniere, Auftritte von Spielleuten und Märkte beobachten.

Außerdem konnten die „besten Untertanen", wie Maximilian seine Innsbrucker zu nennen pflegte, auch ihren Herrscher sehen! Und für Zeiten seiner Abwesenheit ließ er sich in Stein meißeln: Auf den beiden Mittelreliefs ist Maximilian I. links im Profil mit seinen beiden Frauen, Maria von Burgund und Bianca Maria Sforza (Mitte), dargestellt, während das rechte Relief den Herrscher frontal zwischen Hofnarr und Kanzler zeigt. Die übrigen aus Sandstein gearbeiteten Reliefs zeigen Moreskentänzer. Diese kamen aus Spanien, zogen von Hof zu Hof und führten dort ihre wilden Tänze vor. An den Händen und Beinen hatten sie Schellen befestigt. Wegen ihrer akrobatischen Tanzdarbietungen – es ging um die Gunst einer schönen Frau – waren sie äußerst beliebt. Bianca Maria Sforza überreichte dem besten Moreskentänzer einen goldenen

mann Helbling (Hölbling) benannt, der sein im Kern spätgotisches Haus 1730 mit einer Spätbarock-Rokoko-Fassade schmücken ließ. Künstler aus Wessobrunn (Gigl, Gratl) schufen den Stuck mit seinen Rocaillen, Putten und Maskerons. Im Volksmund „Zuckerbäckerstil"

Apfel als Siegespreis. Der Künstler dieser hervorragenden Arbeiten war Niklas Türing d. Ä. (seit 1964 Kopien, Originale im Ferdinandeum).

Die darunterliegende Wappen-Reliefzone zeigt auf der Vorderfront den österreichischen Bindenschild, das ungarische Wappen, den Reichsadler (doppelköpfig), den Königsadler (einköpfig) sowie die Wappen von Burgund und Mailand. An den Seitenfronten befinden sich außerdem die Wappen von Tirol und der Steiermark. Zwei Bannerträger schwingen die Fahnen mit dem habsburgischen Königsadler und dem Tiroler Adler (rot). Gilt die Datierung des Bauwerkes um 1500 heute als gesichert (Dendrochronologie 1996 bestätigte die Datierung des Holzes vom Dachstuhl in das Jahr 1497, was eine Fertigstellung um 1500 unterstreicht), gibt es bei den Fresken noch keine einheitliche Zuschreibung an Jörg Kölderer. Dargestellt sind Persönlichkeiten aus dem Hofleben, wobei es auch hier sehr divergierende Meinungen unter Historikern gibt. Das sich hinter dem Prunkerker befindliche Gebäude ist der sogenannte Neuhof, der 1420 entstand, als Herzog Friedl mit der leeren Tasche die Verlegung der Residenz von Meran nach Innsbruck veranlasste und dadurch Innsbruck zum höfischen Mittelpunkt der Tiroler Habsburger machte. Schon unter seinem Sohn und Nachfolger Erzherzog Sigmund dem Münzreichen wurde der Neuhof als Residenz zu klein, sodass dieser mit dem Bau der Hofburg begann. Der Neuhof wurde zum Verwaltungszentrum, in dem auch die Finanzkammer des Reiches untergebracht war. Heute sind hier das Museum Goldenes Dachl (s. S. 83), eine Gedenkstätte für Kaiser Maximilian I. mit einigen qualitätvollen Exponaten aus der Zeit um 1500, das Standesamt, die Alpenkonvention und diverse Wohnungen untergebracht.

Reliefs am Goldenen Dachl

Lucas Cranach d. Ä., Mariahilf-Bild im Dom zu St. Jakob

Rechts hinter dem Goldenen Dachl kommt man in die Pfarrgasse, die zum Domplatz führt. Auf einem Haus (Wirtshaus „Zum Goldenen Dachl") sieht man eine Ansicht der gotischen Pfarrkirche (steiles Satteldach, getreppter Zinnengiebel). Ein kleines **UHRENMUSEUM (22),** Pfarrgasse 4 (Besuch während der Geschäftszeiten möglich), zeigt neben historischen Uhren auch die mittelalterliche Bauweise und Teile der Originalmauern.

Die Badgasse auf der gegenüberliegenden Seite verweist auf das Vorhandensein einer öffentlichen Badstube, von der man heute nicht mehr genau weiß, wo sie situiert war. Am Ende der Badgasse gelangt man zum **STADTARCHIV (23),** Badgasse 2, das zusammen mit dem Stadtmuseum häufig Ausstellungen zur Stadtgeschichte zeigt (s. S. 83).

Der Domplatz besticht durch seine würdige Ruhe. Die Häuser, die ihn umrahmen, gehören unterschiedlichsten Zeitepochen an: Das **ETTLHAUS (24),** Pfarrgasse 5, am Anfang des Platzes links war einst Wohnsitz von Cesti, dem Hofmusikus von Erzherzog Ferdinand Karl in der ersten Hälfte des 17. Jahrhunderts. Es wurde im 19. Jahrhundert regotisiert (Fassade). Weitere wichtige Häuser waren das **STAMSERHAUS (25),** als Gästehaus der Stamser Äbte in Verwendung, der nicht mehr erhaltene **KRÄUTERTURM (26)** und das ehemalige **KAISERSPITAL (27),** eine Gründung Kaiser Maximilians I. für Pflegebedürftige. Viele gotische Baudetails, wie Portale und Flurgewölbe, sind erhalten geblieben.

Im Gebäude der ehemaligen **SINGSCHULE (28)** logiert heute der Bischof von Innsbruck. Innsbruck wurde erst 1964 eine eigene Diözese – zuvor gehörte Innsbruck zu Brixen und war nach 1919, als Südtirol an Italien kam, Sitz der Apostolischen Administratur Innsbruck-Feldkirch. Die Diözesangrenzen sind nicht identisch mit den Landesgrenzen: Auch heute noch gehört ein Teil Tirols zur Erzdiözese Salzburg – die Grenze verläuft mitten durch das Zillertal.

DOM UND PROPSTEIPFARR-KIRCHE ST. JAKOB (29)

Schon die Vorgängerbauten waren dem hl. Jakobus geweiht. Es war eine Station auf dem Pilgerweg nach Santiago de Compostela. Eine kleine Kirche, „St. Jakob in der Aue", wurde 1270 erstmals erwähnt, 1438 entschloss man sich zur Erweiterung der Kirche im gotischen Stil. Die Hallenkirche bekam bei den großen Erdbeben von 1670/1689 gewaltige Sprünge und Risse, sodass die Sicherheit nicht mehr gegeben war und man einen Neubau beschloss. Man schrieb einen Wettbewerb aus, der von Johann Jakob Herkomer aus Füssen als Bestbietender gegenüber seinem Mitstreiter Georg Anton Gumpp gewonnen wurde. Herkomer errichtete von 1717 bis 1722 gemeinsam mit seinem Polier Johann Georg Fischer eine süddeutsche Wandpfeilerkirche. Für die künstlerische Ausstattung gewann man die Brüder Asam (Cosmas Damian, Freskant, Egid Quirin, Stuckateur); die Werkstätte der Benedetti (Christoforo Benedetti und Nikolaus Moll) schuf Altäre und Kanzel. Bedeutendste Übernahmen aus der gotischen Kirche waren das Grabmal Erzherzog Maximilians III., des Deutschmeisters, von Caspar Gras (1620) sowie das Gnadenbild Mariahilf von Lucas Cranach d. Ä., das seit 1650 in der gotischen Stadtpfarrkirche hing.

Das **GNADENBILD MARIAHILF,** das wohl im gesamten Alpenraum am weitesten verbreitete Muttergottesbild, malte Cranach für die Kreuzkirche in Dresden. In turbulenten Kriegs-

Hochaltar im Dom zu St. Jakob

zeiten brachte man das Bild dann in die sächsische Kunstkammer. Als Erzherzog Leopold V. auf Besuch in Dresden beim Kurfürsten weilte, durfte er sich ein Gastgeschenk aussuchen. So kam das Bild via Passau nach Innsbruck und befand sich anfänglich in der Hofburg. Seit 1650 wurde es der Stadtpfarrkirche als „Dauerleihgabe" übergeben. Die besonders innige, liebevolle Zuwendung der Mutter an ihr Kind macht wohl das Mysterium dieses Bildes aus, von dem sich allein in Innsbruck zahlreiche Kopien (auch auf vielen Hauswänden) befinden. Der umgebende Silberaltar ist eine Spende von Gouverneur Karl-Philipp von der Pfalz und kann abgesenkt werden (Advent und Fastenzeit). Dann kommt das Tafelbild von Josef Schöpf von 1789 wieder zum Vorschein, das um das Gnadenbild herum gemalt worden ist (s. S. 30).

Das bronzene **GRABMAL VON ERZHERZOG MAXIMILIAN III.,** dem Deutschmeister, steht in der in Innsbruck heimischen Tradition des Bronzegusses: Der Landesfürst kniet betend auf der Grabplatte, während der hl. Georg (mit Drachen) als eleganter Ritterheiliger schützend die Hand über ihn hält. Bemerkenswert sind die gedrehten Säulen. Zum Teil nach Naturabgüssen, zum Teil Erfindungen des Künstlers, sieht man Weinlaub mit Trauben, Vögeln, Bienen, Heuschrecken, Raupen, Schmetterlingen und Libellen – ein ganzer Mikrokosmos an kleinen Tierchen tummelt sich auf den Säulen. Caspar Gras, ein Schüler des berühmten Hubert Gerhard, ist der Schöpfer dieses Kunstwerkes, das von Heinrich Reinhart um 1620 gegossen wurde.

Während des Zweiten Weltkriegs wurde die Stadtpfarrkirche von Streubomben getroffen und stark zerstört. Am Wiederaufbau waren Hans Andre und Wolfram Köberl maßgeblich beteiligt. Die Asam-Fresken sind nur noch in der Kuppel im Originalzustand, doch der barocke Gesamteindruck ist erhalten geblieben.

Cosmas Damian Asam, Evangelist Lukas, Lünette

GRABMAL MAXIMILIANS III.

Das Grabmal von Maximilian III. wurde nach seiner Fertigstellung in der gotischen Kirche im Chorraum aufgestellt. Beim Neubau der barocken Kirche löste man das Problem, indem man das Grabmal teilte: Zwei Säulen mit je einer Figur wurden rechts und links im Chorraum bei den Sakristeitüren aufgestellt. Dadurch entging das Kunstwerk beim Bombenangriff der Zerstörung. Bei der Generalsanierung der Kirche nach dem Zweiten Weltkrieg setzte man das Grabmal wieder in seiner ursprünglich konzipierten Form zusammen und stellte es im linken Seitenschiff auf.

Caspar Gras, Maximilian III. mit hl. Georg, 1620

Der Innsbrucker Dom wurde in den 1990er-Jahren gründlich restauriert, eine eigene Unterkirche gebaut, ein Neururer-Altar (Opfer des NS-Regimes) errichtet sowie neue Orgelpfeifen (Orgelbauer Pirchner, Steinach) installiert.

TIPP: Dommuseum, „Erlesenes aus dem Domschatz"

Biegt man vom Goldenen Dachl ostwärts in die Hofgasse ein, kommt man unmittelbar zum **DEUTSCHORDENSHAUS (30),** Hofgasse 3, das als Gästehaus des Deutschen Ordens Verwendung fand. Es wurde 1533 von Gregor Türing erbaut und zeigt eine reiche Renaissancedekoration mit Wappenreliefs.

Das **BURGRIESENHAUS (31),** Hofgasse 12, erbaute Niklas Türing d. Ä. 1490 für den Riesen Niclas Haidl (die Sandstein-Statue des Hofriesen befindet sich heute im ersten Stock des Altstadtrathauses).

TIPP: Sehenswert ist neben deutlich erhöhten Räumen der sogenannte **„FLÜSTERBOGEN"** – ein spätgotisches Portal, in dessen Hohlkehlen man Worte hineinflüstert, die ein auf der gegenüberliegenden Seite Stehender deutlich verstehen kann – eine „Stille Post" anno dazumal.

Die Riesengasse verläuft südlich parallel zur Hofgasse; durch einen Torbogen gelangt man zum Franziskanerplatz.

Albrecht Dürer,
Maximilian I., 1519, © KHM

TRIUMPH EINES KAISERS
maximilian I. als kunstmäzen

Maximilians I. (1459–1519) unumstrittene Bedeutung liegt im Bereich der bildenden Künste, als Auftraggeber bedeutender Kunstwerke. Geprägt durch den erlesenen Kunstgeschmack des burgundischen Hofes (1477–1482), umgab er sich zeitlebens mit hervorragenden Künstlern, wie Albrecht Dürer, Albrecht Altdorfer, Hans Burgkmair, Jörg Kölderer, Bernhard Strigel. Das neue Medium des Buchdruckes nutzend, versuchte er seine Ideen durch druckgrafische Werke bekannt zu machen. So ließ er nicht nur Flugblätter mit brisantem Inhalt verfassen (z. B. zum Bretonischen Brautraub, Venedigerkrieg), sondern legte auch gezielt Wert auf politische Propaganda.

Dem Erinnerungsgedanken („gedechtnis") sind zahlreiche Kunstwerke unterzuordnen, allen voran das Grab-mals-Projekt des Kaisers (s. Hofkirche) und das Goldene Dachl (s. S. 28f). Seine großen, druckgrafischen Werke zeigen auch heute noch seine künstlerischen Ambitionen: so schuf er mit Hilfe berühmter Künstler „Ruhmeswerke" für die Nachwelt. Seine eigene Biografie lieferte Grundlagen für ein Heldenepos: Der Ritter „Theuerdank" (Maximilian) muss viele Abenteuer bestehen, bevor er an den Hof der Königin „Ehrenreich" (Maria v. Burgund) gelangt, wobei er sich gegen seine Widersacher stets bravourös durchsetzen konnte.

Der „Weisskunig", welcher die Lebensbeschreibung Maximilians zum Inhalt hat, berichtet in Prosaform über seine Jugend und die seiner Eltern, seine Ausbildung, höfische Vergnügungen und Kriege und dokumentiert dies mit

Peter Löffler,
„Lauerpfeiff", 1507, © KHM

Holzschnitten. Man gewinnt wertvolle Einblicke in das persönliche Umfeld Maximilians sowie Aufschluss über das Kunsthandwerk jener Zeit. Der „Freydal", das Turnierbuch des Kaisers, sollte den Ruhm des Habsburgers als bester Turnierreiter seiner Zeit festhalten. Es blieb ein Fragment, das mit 64 prächtigen Illustrationen Rennen, Stechen, Zweikämpfe und Mummereien zeigt und zur hervorragenden Quelle fürstlicher Kurzweil wurde.

Im „Triumphzug", welcher aus einem Ehrenzug (62 kolorierte Folios) besteht und dem die Idee der antiken „Trionfi" zugrunde liegt, bietet sich das breite Spektrum maximilianischer Prachtentfaltung dar: Neben dem Wagen mit der kaiserlichen Familie werden seine Hochzeiten, Kriege und Eroberungen, Prunkgegenstände, Kanonen, Ahnen und Vorfahren (in Form vergoldeter Figuren) sowie der „kalikuttischen Leut" (Ureinwohner Südamerikas) auf gemalten Plateaus gezeigt, auf dessen Umsetzung Maximilian selbst großen Einfluss hatte.

Die gemalten Bildnisse des Kaisers verdeutlichen weiters seine Art der Selbstdarstellung: Meist findet man ihn in Rüstung, mit Szepter, Krone und Schwert, wie ihn Strigel in vielen Repliken festgehalten hat. Als offizielle Herrscherporträts um 1500 stellen sie Meilensteine in der Geschichte der Porträtmalerei dar. Das wohl bekannteste Bildnis des Herrschers stammt von Albrecht Dürer und zeigt Maximilian als Privatmann – ein Bild, welches feierliche Repräsentation und würdevolle Authentizität aufs Trefflichste vereint.

ROUTE 01

Turnierszene aus dem Freydal, 1512–1515, © KHM

ROUTE 02

PRACHTVOLL
die bauten am rennweg

ROUTE 02

DAUER
2–3 Std., mit Innenbesichtigung entsprechend länger
ROUTE
Congress – Tiroler Landestheater – Leopoldsbrunnen – Rennplatz – Kaiserliche Hofburg – Damenstift – Hofkirche – Tiroler Volkskunstmuseum – Jesuitenkirche
MUSEEN
*Kaiserliche Hofburg, Hofkirche, Tiroler Volkskunstmuseum
siehe Kap. 03 – Museen, Seite 79ff*

Biegt man links aus dem Dom kommend ab, sieht man bereits die Gebäude der **KAISERLICHEN HOFBURG (32).** Die Hofburg (s. S. 81) ist mit der Stadtpfarrkirche St. Jakob verbunden und ermöglichte Mitgliedern des Hofes den Besuch von heiligen Messen von der „Kaiserempore" aus. Erzherzog Sigmund der Münzreiche begann mit dem Bau der neuen Burg, die dann unter Maximilian I. um 1500 fertiggestellt war und bereits die gleichen Ausmaße hatte wie die heutige Hofburg. Markant erhob sich im südöstlichen Eck der Burg der Wappenturm, der – ein ähnliches Prestigebauwerk wie das Goldene Dachl – mit zahlreichen Wappen (auch Anspruchswappen) verziert war.

Maria Theresia (1717–1780) fand die Innsbrucker Burg nicht mehr zeitgemäß und veranlasste den Umbau. Die Bauarbeiten gingen in zwei Etappen vor sich: vor 1756 und nach Ende des Siebenjährigen Kriegs bis in die 1770er-Jahre. Zuerst wurde Johann Martin Gumpp d. J. beauftragt, während in einer weiteren Bauphase (Rennwegfassade) Nicolaus Pacassi (1716–1790) gemeinsam mit Constantin Johann von Walter an den Umbauarbeiten beteiligt waren. Die Ausstattung des „Klein-Schönbrunns der Alpen" wurde u. a. Martin van Meytens und Franz Anton Maulpertsch übertragen. Sie schufen ein repräsentatives spätbaro-

DER WAPPENTURM

Der mit seiner Schauseite zur Universitätsstraße ausgerichtete Wappenturm wurde im Zuge der barocken Umbauarbeiten ummantelt und in das Südrondell integriert. Am Schnittpunkt zwischen Goldenem Dachl und Hofkirche gelegen, war er von großer Bedeutung. Die Silberkammer des Reiches war in seinem Inneren untergebracht.

ROUTEN DURCH DIE STADT

Riesensaal in der Hofburg

ckes Gesamtkunstwerk, das neben den Kaiserappartements im Riesensaal seinen Höhepunkt findet. Dieser „Familiensaal", wie Maria Theresia ihn gerne nannte, zeigt alle Porträts der kaiserlichen Familie (Schule van Meytens) sowie in den Deckenfresken von Franz Anton Maulpertsch die Vereinigung der Häuser Habsburg-Lothringen und die Regalien des Landes Tirol (1770).

1765 nahm die kaiserliche Familie in Innsbruck länger Aufenthalt, da man hier die Hochzeit des Sohnes Erzherzog Peter Leopold mit Maria Ludovica von Spanien ausrichtete. Neben den Prunkräumen Maria Theresias sind in der Hofburg noch das Kaiserin-Elisa-

beth-Appartement (Ausstattung von August La Vigne), höfisches Mobiliar des 19. Jahrhunderts (z. B. des Innsbrucker Kunsttischlers Johann Geyr, Burgholzmöbel der Gebrüder Thonet) und die Kapelle zu sehen. Nach dreijähriger Generalsanierung präsentiert sich die Hofburg wieder in einem perfekten Zustand. Sie bietet einen äußerst ansprechenden Rahmen, der für zahlreiche hochrangige Veranstaltungen genutzt wird.

In der Hofburg befindet sich das Café Sacher (Sommer-Gastgarten im Innenhof), wo man Klassiker wie „Einspänner" oder „Tafelspitz" in typisch österreichischem Ambiente genießen kann (s. S. 117).

DER TOD KAISER FRANZ' I.

Nach vierzehntägigen Feierlichkeiten (Festgelage, Opernaufführungen, Jagden) passierte das schreckliche Unglück: Der Gemahl Maria Theresias, Kaiser Franz I., starb völlig unerwartet in einem Zimmer der Hofburg, welches nachträglich in eine Kapelle umgewandelt wurde.

Passiert man den großen Burghof, kommt man zum Rennweg. Vor dem gewaltigen Komplex der Hofburg erstreckt sich der Rennplatz, benannt nach der Turnierart „Rennen", die hier vor der maximilianischen Hofburg stattgefunden hat. Hier sieht man die Nachfolgebauten der ehemaligen Opernhäuser: das Congresshaus (früher Comediehaus) und das Tiroler Lan-

ROUTE 02

Die gotische Hofburg mit Wappenturm um 1500

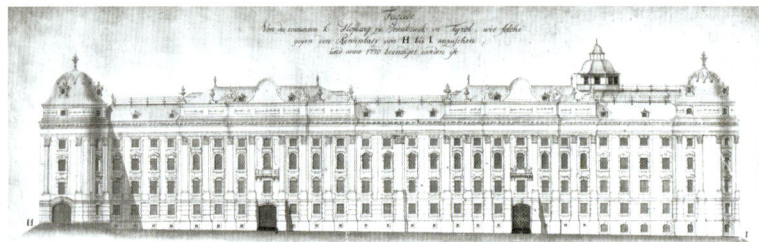

Die barocke Hofburg mit Rondellen um 1770

destheater (früher Hofopernhaus). Das **COMEDIEHAUS (33)** wurde von Christoph Gumpp 1629 anstelle des Großen Ballspielhauses errichtet und galt als eines der frühesten freistehenden Theatergebäude nördlich der Alpen. Gumpp wurde zum Studium dieses Sujets nach Italien geschickt, um für die Musik liebenden Landesfürsten des 17. Jahrhunderts ein entsprechendes Theatergebäude errichten zu können.

Das Comediehaus war 100 m lang und 30 m breit; Wasserschlachten und Rossballette wurden darin auf-

Max Weiler, EISERNER VORHANG im Tiroler Landestheater, 1967

geführt. Mit dem Aussterben der Tiroler Landesfürsten bedeutungslos geworden, diente es als Reithalle und Bibliothek. Während der bayerischen Besatzung wurde das Gebäude als Mauthalle genutzt und „Dogana" genannt.

Während des Zweiten Weltkriegs zerstört und lange Zeit nicht wieder aufgebaut, wurden einige Säulenreste des alten Theaters in den von Hubert Prachensky geplanten Neubau integriert. Heute ist der „Congress" ein multifunktionales Haus, in dem die meisten Großveranstaltungen Innsbrucks (u. a. Kongresse, Messen, Ausstellungen, Konzerte und Bälle) stattfinden.

Das **HOFOPERNHAUS (34)** wurde unter dem opernbegeisterten Erzherzog Ferdinand Karl 1653/54 ebenfalls von Christoph Gumpp erbaut. Hier huldigte man in kleinerem Rahmen dem neuen Medium der Oper. 1655 wurde es feierlich und pompös mit Cestis Oper l´Argia eingeweiht. Der Anlass war der Besuch der schwedischen Königin Christina in Innsbruck.

Neben der musikgeschichtlichen Dimension war es auch einer der größten Propagandaerfolge der Gegenreformation, dass die protestantische Königin Christina von Schweden hier in Innsbruck zum Katholizismus übertrat. In der Hofkirche legte sie erstmals öffentlich im Beisein kirchlicher und weltlicher Prominenz das katholische Glaubensbekenntnis ab.

Das Hofopernhaus wurde 1844 abgebrochen und von Segusini im klassizistischen Stil neu erbaut. 1967 wurde es generalsaniert und den Anforderungen eines modernen Viersparten-

Die Nymphe Amphitrite am Leopoldsbrunnen

„NACKERTE WEIBER"

Andreas Hofer konnte mit den kunstvollen Göttinnen nichts anfangen und wollte die „nackerten Weiber" zu Kanonenkugeln umformen lassen – zum Glück wurde er von diesem Vorhaben abgehalten.

theaters angepasst. 2003 wurde das Haus um eine Probebühne erweitert.

Der **LEOPOLDSBRUNNEN (35)** – heute vor dem Stadtcafé, vormals vor den Redoutensälen – wurde erst 1894 in seiner heutigen Form zusammengefügt. Von Erzherzog Leopold V. 1622/30 in Auftrag gegeben, schuf Caspar Gras (vgl. Dom, Grabmal Maximilians III.) hier erstmals in der Großplastik ein „courbettierendes Pferd"

Hofgarten

ohne Stütze. Um das Gleichgewicht zu gewährleisten, gab man in den Schwanz des Pferdes Blei. Die Göttinnen am Brunnenrand (Amphitrite, Diana und die Moosgöttin) werden durch Triton, Neptun und Oceanus unterstützt. Es sind hervorragende Beispiele des Manierismus (stark gedrehte Körper, kleine Köpfe, kunstvoller Haarschmuck), die ursprünglich auf Postamenten im Hofgarten bzw. vor dem Hofopernhaus aufgestellt waren (Originale im Museum Ferdinandeum, bis auf die Reiterfigur, die noch als Original vor Ort steht).

Die Anfänge des **HOFGARTENS (36)** als bescheidener Küchengarten gehen in das 15. Jahrhundert zurück, die eigentliche Glanzzeit folgte im 16. Jahrhundert unter Erzherzog Ferdinand II., der hier ab 1567 einen prächtigen Renaissancegarten anlegen ließ. Er war dreimal so groß wie heute und umfasste das ganze Gebiet des Saggens. Als Hirschanger war er der landesfürstlichen Jagd vorbehalten. Mit seinen Lusthäusern, den zwei Ballspielhäusern, dem Löwenhaus (Menagerie), dem Irrgarten und dem Pomeranzen-

haus sowie den 200 Gartenplastiken aus Terrakotta von Alexander Colin war er über Innsbruck hinaus berühmt. 1650 wurde der Garten unter Erzherzog Ferdinand Karl in Grasboden umgewandelt. Maria Theresia ließ eine barocke Anlage mit ornamentierten Teppichbeeten entstehen, die wiederum in den Wirren der Tiroler Freiheitskriege zerstört wurde. Während der bayerischen Besatzungszeit wurde der berühmte Landschaftsgärtner Friedrich Ludwig von Sckell nach Innsbruck geschickt, um den Garten zu erneuern (Plan von 1810), was ab der Jahrhundertmitte dann auch schrittweise geschah. Die Gartenteile am Inn wurden als Erstes in eine englische Anlage umgewandelt. Gegen Ende des 19. Jahrhunderts begann die Verbauung des Villensaggens auf Hofgartengründen und somit die Verkleinerung der Anlage. Der Hofgarten hat heute noch als „grüne Lunge" im Zentrum Innsbrucks eine wichtige Funktion.

Am südlichen Ende des Rennplatzes (Eingang Universitätsstraße 2) befindet sich die **HOFKIRCHE (37).** Sie birgt das bedeutendste Kunstwerk Innsbrucks, das weit über die Grenzen Tirols hinweg bekannt ist: das Grabdenkmal Kaiser Maximilians I. Berühmt wurde es nicht nur wegen seiner einzigartigen kunsthistorischen Bedeutung, sondern auch wegen seiner Geschichte. Mit der Grabmalsidee wollte der Kaiser die Vormachtstellung seines Hauses in Europa dokumentieren, wobei historische Persönlichkeiten gleichermaßen im Trauerzug anzutreffen waren wie wirkliche Ahnen. Die Idee eines Erinnerungsmals liegt dem Grabmal zugrunde, gemäß Maximilians Lieblingsspruch: „Wer sich im Leben kein gedechtnis macht, der hat auch nach dem tode kein gedechtnis und desselben menschen wird mit dem glockenton vergessen".

Maximilian I. von Habsburg hatte eine gewaltige Vision: Er wollte für sich und seine Familie zum immerwährenden Ruhme ein Denkmal schaffen. Es sollte aus 40 überlebensgroßen vergoldeten Figuren (28 ausgeführt in Bronze) bestehen, die Trauerwache halten. Zudem wären 100 Statuetten der „Sippschaftsheiligen" des Hauses geplant gewesen (23 ausgeführt) und 30 Kaiserbüsten (22 ausgeführt, heute im Schloss Ambras, Antiquarium). Die Vergoldung konnte nicht realisiert werden. Maximilian bleibt in Innsbruck unvergessen, denn er selbst sorgte für eine gebührende „gedechtnis": die gesamte Altstadt, die er zwischen 1490 und 1520 erneuern ließ, das Goldene Dachl, das Zeughaus und nicht zuletzt auch sein Grabdenkmal in der Hofkirche. Das bedeutendste deutsche Kaisergrabmal steht hier in Innsbruck, allerdings mit einem „Schönheitsfehler": Maximilian wurde auf eigenen Wunsch nicht hier, sondern in Wiener Neustadt begraben.

Blick in die Hofkirche

Kenotaph

Bei seinem letzten Aufenthalt in Innsbruck im Spätherbst 1518 kam es zum berühmt gewordenen Streit mit den Innsbrucker Wirten. Die hatten vergebens um Begleichung alter Schulden für Kost und Logis des kaiserlichen Trosses angesucht. Verärgert reiste der bereits schwer erkrankte Kaiser ab und kam nur noch bis Wels, wo er am 12. Januar 1519 im 60. Lebensjahr verstarb. Sein Testament hatte er dahin gehend geändert, dass er NICHT in Innsbruck, sondern eben in Wiener Neustadt in der St.-Georgs-Kathedrale beerdigt werden möchte. Zudem verfügte er, dass auch die in Innsbruck hergestellten Figuren – zum Zeitpunkt seines Todes waren gerade elf Stück fertig (drei wurden wieder eingeschmolzen) – nebst den noch zu Vollendenden nach Wiener Neustadt gebracht werden sollten. Doch gerade der Transport war für damalige Zeiten ein kaum lösbares Problem, erschwerend kam dazu, dass der Boden der St.-Georgs-Kathedrale die zentnerschweren Figuren nicht getragen hätte (die Kirche liegt im ersten Stock, der Unterbau ist durch eine Toreinfahrt ausgehöhlt). Erst sein Enkel Ferdinand I. traf die Entscheidung, die Figuren in Innsbruck zu belassen und eigens eine Kirche für sie zu erbauen. 34 Jahre nach dem Tod Maximilians wurde die Hofkirche errichtet. Baumeister aus Trient (Andrea Crivelli, Marx della Bolla und der Innsbrucker Niklas Türing d. J.) erbauten sie nach dem Vorbild der Heiligkreuzkirche in Augsburg. 1555 erließ Ferdinand I. einen Figurenstopp: Die bisher produzierten Bronzefiguren sollten aufgestellt werden – zwölf noch unvollendete wurden aus dem Programm gestrichen.

TIPP: Die sehenswerte PRESHOW (3 Räume) zeigt den Besucher die Bedeutung und Intention Maximilians I., sich und seinen Nachkommen ein Erinnerungswerk zu schaffen.

Die überlebensgroßen Bronzefiguren sind um den Kenotaph (leeres Grabmal) gruppiert, jeweils zwölf auf jeder Seite und vier auf der Chorseite. Mächtig stehen sie da, die ehernen Grabwächter, und kaum jemand kann anführen sollte, kniet betend auf dem erhöhten Kenotaph, umgeben von den vier Kardinalstugenden Gerechtigkeit, Tapferkeit, Mäßigkeit und Klugheit.

Die Künstlerfrage ist ein schwieriges Unterfangen, denn alleine für jede Figur waren drei Künstler vonnöten: ein Entwerfer, ein Modelleur und ein Gießer. Der „Generalplaner" war Gilg Sesselschreiber aus München; er ließ eine Gießereiwerkstätte in Mühlau einrichten, machte das Gesamtkonzept und fertigte acht Figuren, die zu den Besten zählen. Große historische Treue sowie ein Überreichtum an Details zeichnen seine Statuen aus. Doch dem Kaiser ging dies zu langsam, er wollte Fortschritte sehen; so engagierte er als Entwerfer auch Albrecht Dürer, der die Figuren Graf Albrecht von Habsburg, Artus und Theoderich – allesamt Meisterwerke der deutschen Renaissance – schuf. Bis auf Albrecht wurden sie in Nürnberg bei Peter Vischer gegossen. Nach Sesselschreibers Entlassung und Tod (1518) wurden Stefan Godl und Leonhard Magt beauftragt, die mit wechselnden Entwerfern (Kölderer, Polheim, Tiefenbrunn) arbeiteten und den Rest der Figuren schufen (16 Statuen). Dieser Werkstätte sind auch die Figuren der Sippschaftsheiligen (Entwürfe: Kölderer) zuzuschreiben, während die Kaiserbüsten in Augsburg von Jörg Muskat entworfen und gegossen wurden. Der berühmte Gießer Gregor Löffler schuf mit Veit Amberger die letzte Figur des Chlodwig (1550): eine Figur voll höfischer Noblesse. Danach verfügte Kaiser Ferdinand I., dass keine weiteren Figuren mehr gegossen werden.

In den 1560er-Jahren wurde dann der Kenotaph – er sollte der zen-

König Artus

DIE PERGAMENTROLLE

Auf einer Pergamentrolle von Jörg Kölderer (KHM Schloss Ambras) sind alle 40 geplanten Figuren festgehalten, darunter auch jene zwölf, die nicht mehr ausgeführt wurden.

sich der Faszination dieses Gesamtkunstwerkes entziehen. Mitglieder der Familie, Ahnen, Vertreter anderer Herrscherhäuser und Helden der Geschichte halten Totenwache. Maximilian selbst, der ursprünglich den Trauerzug

Marmorrelief XIV, Belagerung der Feste Kufstein

trale Mittelpunkt des Grabes sein – begonnen. Die Wände des leeren Hochgrabes schmücken 24 Marmorreliefs (Carraramarmor), die die wichtigsten Ereignisse aus dem Leben Maximilians zum Inhalt haben. Bereits im Hochformat in der Ehrenpforte, dem größten druckgrafischen Werk der Zeit vorkommend, geht die Auswahl der einzelnen Szenen auf Maximilian selbst zurück, der ja stets bei seinen vielen Kunstproduktionen Einfluss ausübte. Florian Abel übertrug die Szenen der Ehrenpforte in ein Querformat (Visierung, KHM Schloss Ambras), seine Brüder Bernhard und Arnold Abel sollten sie in Marmor meißeln. Zur Umsetzung suchten sie sich einen weiteren Künstler. Ihre Wahl fiel auf den aus Mechelen gebürtigen Alexander Colin. Der Künstler zog nach Innsbruck und arbeitete zunächst mit den Brüdern Abel zusammen. Nach deren baldigen Tod (übermäßiger Alkoholkonsum) wurde er zum alleinigen Schöpfer von 21 der 24 Reliefs (1564–1566). Colin brachte die flämische Hochrenaissance nach Innsbruck, seine Reliefs sind Meisterwerke der Bildhauerkunst der

zweiten Hälfte des 16. Jahrhunderts (Hochzeit Maximilians I. mit Maria von Burgund, Belagerung Kufsteins im Bayerischen Erbfolgekrieg, Königskrönung, Hochzeit Philipps des Schönen mit Johanna von Kastilien u. a.). Die bravourös gestaltete Komposition, die gelungene Perspektive, der Detailreichtum sowie das Vorkommen aller wichtigen Länder der damaligen Zeit machen den Kenotaph zu einem europäischen Kunstwerk. Von Colin stammen auch die Entwürfe zu den Kardinalstugenden und der Maxfigur (Gießer: Ludovico del Duca).

Es ist wohl einzigartig in der Geschichte, dass an einem Grabmal ganze 82 Jahre gearbeitet worden ist: von 1502 bis 1584. Drei Generationen verfolgten dasselbe Ziel – den ewigen Ruhm des Hauses Habsburg – und vollendeten schließlich unter dem Urenkel Maximilians, Erzherzog Ferdinand II., ihr Werk. Die gesamte Entwicklung des 16. Jahrhunderts – von der ausklingenden Spätgotik über die Frührenaissance bis zur Spätrenaissance und zum Manierismus (Kardinalstugenden) – findet sich in diesem grandiosen Kunstwerk wieder.

WEITERE KUNSTWERKE
IN DER HOFKIRCHE

Neben dem Seiteneingang der Kirche befindet sich das Grabmal von
Andreas Hofer (1767–1810), der hier
1823 beigesetzt wurde. Nach den
Vorstellungen von Kaiser Franz I. von
Martin Schärmer entworfen, voll-
endeten 1837 die Bildhauer Johann
Schaller (Statue) und Josef Klieber
(Relief Fahnenschwur) das Kunst-
werk. Das Monument zeigt die über-
lebensgroße Marmorfigur des Tiroler
Freiheitshelden. Der schwarze Trau-
erflor symbolisiert den Verlust Südti-
rols (seit 1919).
Weitere berühmte Tiroler Freiheitshel-
den fanden hier ihre letzte Ruhestätte:
Joseph Speckbacher, Kajetan Sweth,
P. Joachim Haspinger und Ltn. Georg
Hauger.

Die Renaissanceorgel von Jörg Ebert
(1558) im Chorraum wird noch durch-
wegs mit den Originalpfeifen bespielt
und gehört zu den fünf berühmtes-
ten Orgeln der Welt. Nach 27-jähriger
Restaurierung ist sie seit 1977 wieder
bespielbar, regelmäßig werden Or-
gelkonzerte und alle drei Jahre der
„Paul-Hofhaimer-Wettbewerb" veranstaltet.

Der Fürstenchor von Hans Waldner
und Conrad Gottlieb stammt aus der
zweiten Hälfte des 16. Jahrhunderts.
Seine prachtvollen Intarsien zeigen
große Ähnlichkeit mit Gottliebs spä-
teren Arbeiten in Ambras (Spanischer
Saal). Das darin befindliche Marien-
oratorium ist im Allgemeinen nicht
zugänglich.

Zwischen 1578 und 1587 von Hans
und Albrecht Lucchese erbaut, ist die

Ebert-Orgel

Barocke Stube im Volkskunstmuseum

SILBERNE KAPELLE (1. Stock) die Grablege für Erzherzog Ferdinand II. und seine erste Gemahlin, Philippine Welser. Die gemalten Cherubinköpfe stammen von Giovanni Battista Fontana. Die Wandnischengräber schuf Alexander Colin. Im Vorraum der Kapelle befindet sich das Grabmal der Philippine Welser (gest. 1580), die wegen ihrer morganatischen Ehe mit Erzherzog Ferdinand II. nicht in der Kapelle beerdigt wurde; Colin schuf Philippine als Liegefigur aus Marmor. Erzherzog Ferdinand II. (gest. 1595) fand im Hauptraum der Kapelle seine letzte Ruhestätte. Marmorreliefs mit Szenen aus seinem Leben, Marmorintarsien mit seinem Wappen und eine kniende Figur in Rüstung schmücken das Grabmal (s. S. 60, 80). Der Name der Renaissance-Kapelle bezieht sich auf den Silberaltar von Anton Orth, der Bilder aus der lauretanischen Litanei zeigt. Die Renaissanceorgel von 1580 hat Zypressenholzpfeifen und wird ebenfalls regelmäßig bespielt. Ein Verbindungsgang zur Hofburg ist für Besucher nicht nutzbar.

In der Universitätsstraße 2 befindet sich das **TIROLER VOLKSKUNSTMUSEUM (38).** Das ehemalige Neue Stift wurde als Franziskanerkloster zur Pflege der Hofkirche errichtet und 1719 von Georg Anton Gumpp barockisiert. Kurzfristig als Militärakademie in Verwendung, wird es seit 1929 als Volkskunstmuseum „des alttirolischen Kunstgewerbes" genutzt (s. S. 79). Das Museum besitzt eine reiche Sammlung an Gegenständen zur Tiroler Volkskunde, außerdem religiöse und profane Kunstwerke sowie eine große Anzahl bäuerlicher Gerätschaften. Berühmt sind die Stuben, die von der Spätgotik über Renaissance und Barock bis ins 19. Jahrhundert reichen. Fasnachtsmasken, Hausmodelle der unterschiedlichen Bauformen der Tiroler Bauernhäuser sowie Trachten aus den verschiedenen Tälern runden das Bild ab. Eine ganzjährige Krippenschau ergänzt die umfangreiche Sammlung. Das Museum wurde 2009 generalsaniert und den modernen Anforderungen angepasst.

Folgt man dem Straßenverlauf in östlicher Richtung, kommt man zur Alten Universität und zur Jesuitenkirche. Die Alte Universität, Universitätsstraße 4–6, war ursprünglich ein Jesuitenkolleg und beherbergt heute die Theologische Fakultät. Mit der Eröffnung des Gymnasiums der Jesuiten 1562 wurde der Grundstein für die 1669 gegründete Universität gelegt. Der Madonnen- und der Kaiser-Leopold-Saal werden heute als Veranstaltungssäle genutzt.

Die **JESUITENKIRCHE (39)**, Karl-Rahner-Platz 1–3, wurde ab 1627–40 nach Plänen von Santino Solari erbaut. Ein 1619 begonnener Vorgängerbau war 1626 eingestürzt. Karl Fontaner und Christoph Gumpp (ab 1635) hatten die Bauleitung inne. Vorbild war die Jesuitenkirche Il Gesù in Rom. Die Kreuzkuppelkirche zeigt eine typische frühbarocke Ausstattung: weißer, schwerer Stuck und dunkle Altäre. Der Canisius-Altar wurde in Erinnerung an den berühmten Prediger und Jesuiten geschaffen. Die Gruft und Grablege der Tiroler Landesfürsten Leopold V., Claudia de' Medici, Ferdinand Karl und Sigismund Franz u. a. vermitteln einen Eindruck vom barocken Totenkult. 1777 wurde die Jesuitenkirche zur Universitätskirche erhoben, die Fertigstellung der Kirchtürme erfolgte erst 1901. Im Turm schlägt die viertgrößte Glocke Österreichs. 1943 wurde die Kirche bei einem Luftangriff schwer beschädigt, der Wiederaufbau erfolgte in der Nachkriegszeit. 2003–2004 wurde der Innenraum restauriert und der im Zweiten Weltkrieg zerstörte Hochaltar wiederaufgebaut.

Canisius-Altar, Jesuitenkirche

PETRUS CANISIUS (1521–1597)

1561/62 kam es auf Betreiben Kaiser Ferdinands I. zur Gründung eines Kollegs in Innsbruck nach den Plänen von Ignatius von Loyola. In der Blütezeit des Ordens gab es über 800 solcher Jesuitenkollegs, in welchen alle nach einem gemeinsamen Lehrplan unterrichtet wurden. Von 1571 bis 1577 wirkte Canisius als Prediger in Innsbruck. Berühmt wurde er durch die Verfassung seiner drei Katechismen, die wesentlich zur Rückgewinnung des katholischen Glaubens beitrugen. 1925 erfolgte die Heiligsprechung; Canisius ist Patron der Stadt sowie der Diözese Innsbruck.

HÖCHST THEATRALISCH
innsbruck und die barockoper

Als Erzherzog Leopold V. 1626 die jugendliche Witwe Claudia de' Medici in Innsbruck heiratete, ahnte man noch nicht, dass diese Verbindung in Bezug auf die Entwicklung der Musik eine wesentliche Rolle spielen würde. Mitten im Dreißigjährigen Krieg entwickelte sich in Innsbruck ein prächtiges, aufwendiges Hofleben. Ein reger Austausch fand zwischen den verschwägerten Höfen Innsbruck und Florenz statt, man besuchte sich gegenseitig und verlieh auch Künstler. So kam ein Pferdedresseur samt seinen Pferden nach Innsbruck, um seine hohe Kunst vor Ort zu unterrichten, was als besonders modern galt und den Hof amüsierte. Glänzende Feste wurden gefeiert, sodass es nahelag, ein entsprechendes Gebäude dafür zu schaffen: 1629/30 wurde das Comediehaus durch Christoph Gumpp errichtet, der zum Studium der Opernhäuser nach Italien geschickt wurde. Einer der größten und ältesten freistehenden Theaterbauten nördlich der Alpen (Saal 100 m lang und 30 m breit) wurde hier verwirklicht. Man führte Pferdeballette und Wasserspiele mit schwimmenden Schiffen und Wasserschlachten auf, welche die Zeitgenossen in Erstaunen versetzten. Diese Vorliebe für Musik und Bühnentheatralik vererbte sich auf den ältesten Sohn, Erzherzog Ferdinand Karl, welcher 1654 anstelle des heutigen Landestheaters noch ein

italienisches Hofopernhaus erbauen ließ. Zuvor hatte der Landesfürst Pietro Antonio Cesti aus Italien verpflichtet, in Innsbruck seine Opern zu komponieren. 1655 wurde zum Empfang der schwedischen Königin Christina die Oper „L'Argia" uraufgeführt, die wegen des großen Erfolges am nächsten Tag wiederholt werden musste. Der Beginn war mit 21 Uhr festgesetzt und die Dauer der Oper betrug bis zu sieben Stunden. Innsbruck, wo Christina auch zum Katholizismus konvertierte, stand im Mittelpunkt des Interesses: Erste frühe Festspiele mit hoher Reputation fanden hier bereits im Frühbarock statt.

Der plötzliche Tod des Landesfürsten machte alle künstlerischen Bestrebungen zunichte, der Nachfolger und Bruder Sigismund Franz, zu dessen Vermählung Cesti die Prunkoper „Il Pomo d'oro" geschrieben hatte, starb ebenfalls unerwartet, noch bevor es zur Vermählung und Opernaufführung kam. Kaiser Leopold I., selbst ein großer Opernliebhaber, holte Cesti und seine gigantische Festoper nach Wien, wo sie zur Hochzeit des Kaisers uraufgeführt wurde. Leopold beendete zudem 1665 die jüngere Linie der Tiroler Habsburger und beschloss, nur noch Stadthalter nach Tirol zu schicken, die im Namen des Kaisers regieren. Anknüpfungspunkt für die Festwochen der Alten Musik (seit 1976) war diese frühe Operntradition des 17. Jh.

Jan Thomas, Leopold I. in Theater-
kostümierung, um 1667, © KHM

ROUTE 03

DIE NEUSTADT
moderne trifft auf historie

ROUTE 03

DAUER
1,5 Std., mit Innenbesichtigung ent-sprechend länger

ROUTE
Maria-Theresien-Straße, beginnend beim Eingang in die Altstadt bis zur Triumph-pforte: Spitalskirche – Annasäule – Neues Rathaus mit Adolf-Pichler-Platz – Sparkassenplatz – Landhaus – Taxis-palais – Palais Trapp – Servitenkirche und -kloster – Triumphpforte – Casino – Hochhaus – Neues Landhaus

MUSEEN
*Tiroler Landesmuseum Ferdinandeum, Kunstkammer der Serviten
siehe Kap. 03 – Museen, Seite 78, 85*

Die Maria-Theresien-Straße erhielt ihren Namen erst im 19. Jahrhundert, früher hieß sie „Neustadt" oder im 18. Jahrhundert, als sich der Adel seine prächtigen Palais erbauen ließ, „Gra-fengasse". Die damaligen barocken Palais verfügten über eindrucksvolle Gartenanlagen, die jedoch allesamt Opfer einer gründerzeitlichen Stadt-erweiterung wurden. Die Maria-There-sien-Straße ist heute Fußgängerzone. Dort, wo der Verkehr fließt (Marktgra-ben im Westen, Burggraben im Osten) befand sich im Mittelalter der Stadtgra-

ben. Die Häuser waren an die ehemali-ge Stadtmauer angebaut und manche verbergen noch ein Stück davon. Links am Burggraben befindet sich in der ehemaligen Hofstallung (gotisches Gewölbe, spätere „Hauptwache") das **HAUS DES TOURISMUS (40).**

TIPP: Im Erdgeschoss befindet sich in der großen Halle die **INNSBRUCK-INFORMATION,** eine Anlaufstelle für alle Fragen im touristischen Bereich, außerdem Ticketverkauf für Veranstal-tungen und Ausgangspunkt der tägli-chen Per-Pedes-Stadtführungen.

Die Altstadt war durch vier Stadttore und den Stadtgraben abgesichert, au-ßerhalb der mittelalterlichen Stadt be-fand sich – wegen Ansteckungsgefahr jenseits des Stadtgrabens – das Spital. Von diesem Komplex ist noch die **SPI-TALSKIRCHE (41)** erhalten. Die Kir-che, deren Längsseite in die Straßen-flucht eingebaut ist, wurde erstmals 1321 erwähnt und von Johann Martin Gumpp d. Ä. um 1700/05 im Barock-stil umgebaut. Im einschiffigen Innen-raum findet sich eine üppige barocke Stuckatur mit Deckengemälden von Josef Waldmann, die aber größtenteils

im Zweiten Weltkrieg zerstört wurden. Nur über der Orgel hat sich ein Gemälde erhalten, alle anderen wurden von Hans Andre geschaffen. Der Hochaltar stammt von Christoforo Benedetti (1705), das Altarbild „Pfingstwunder" vom Nazarener Kaspar Jele (1848). Hoch verehrt wurde das ursprünglich in der Stadtpfarrkirche stehende Schwarze Kreuz (linker Seitenaltar), das 1717 in die Kirche kam.

DAS STADTSPITAL

Das Areal des ehemaligen Stadtspitals erstreckte sich bis hin zum Adolf-Pichler-Platz und dem gleichnamigen Gymnasium. Bei jüngsten Bauarbeiten fand man Reste des ehemaligen Friedhofs, in dem eine Doppelkapelle stand. 1888 wurde der Spitalskomplex aufgelassen und auf das heutige Klinikareal verlegt.

Weiter Richtung Süden befindet sich in der Straßenmitte die **ANNASÄULE (42)**, eigentlich eine barocke Mariensäule, die am Annentag (26. Juli) geweiht wurde. Diese stammt von dem Trentiner Bildhauer Christoforo Benedetti (1706). Im Spanischen Erbfolgekrieg wollten die Bayern 1703 das Land erobern („Boarischer Rummel"), die Tiroler errichteten nach ihrem Sieg am Annentag als Dank diese Säule, auf der die Muttergottes (Original im Kloster Fiecht) auf einer Mondsichel steht. Auf dem Säulenschaft finden sich die heiligen Kirchenpatrone Vigilius (Trient/Osten) und Kassian (Brixen/Westen) sowie der Landespatron Georg (Tirol/Süden) und die heilige Anna (Norden). Deutlich erkennt man die gesteigerte Gefühlsintensität des Hochbarocks.

Annasäule, Blick nach Norden

ROUTE 03

Neues Rathaus

ROUTEN DURCH DIE STADT

TIPP: Das in der obersten Etage gelegene Restaurant „**LICHTBLICK**" mit der Bar „**360**°" ist ein In-Treffpunkt und bietet einen sensationellen Rundblick auf die Stadt und die Bergwelt (7. Stock, Lift).

DIE VORGESCHICHTE

Ursprünglich stand hier das Palais der Grafen Künigl, das im 19. Jahrhundert zum Hotel Österreichischer Hof wurde. 1897 schenkte es der Mäzen und Papiergroßhändler Leonhard Lang der Stadt Innsbruck als neues Rathaus.

Gegenüber rechts befindet sich das **NEUE RATHAUS** mit den Rathausgalerien **(43),** Maria-Theresien-Straße 18, das 2002 von Dominique Perrault teilweise erneuert und umgebaut wurde. Die gelungene Adaption von Alt und Neu macht aus dem Rathaus ein architektonisches Prestigeobjekt; bedeutende Künstler unserer Zeit trugen zur Gestaltung bei, u. a. Peter Kogler und Heinz Gappmayr (s. S. 88f).

Auf der Rückseite des Rathaus-Komplexes erstreckt sich der **ADOLF-PICHLER-PLATZ (44),** der von gründerzeitlicher Stadtarchitektur, einer kleinen Grünfläche, dem Rathaus und der Breitfassade des Designer-Hotels „The Penz" eingerahmt

Kaufhaus Tyrol

wird. Eine Statue erinnert an den berühmten Geologen und Mineralogen Adolf Pichler (1819–1900), der auch schriftstellerisch tätig war.

Zurückgekehrt in die Maria-Theresien-Straße, gelangt man auf der Höhe der Annasäule links durch einen Torbogen mit Lichtinstallationen von Peter Sandbichler in der Passage zum **SPARKASSENPLATZ (45).** Er wurde zusammen mit dem Bankinstitut ab 1994 umgestaltet, um einen Freiraum für Veranstaltungen zu schaffen. Die Pläne stammen von Architekt Johannes Wiesflecker.

BTV-Stadtforum

Die Buchhandlung Haymon (ehem. Wiederin, 2004) und das Papierfachgeschäft Dinkhauser (2008) von Rainer Köberl sowie der Neubau der Bank für Tirol und Vorarlberg mit dem **BTV-STADTFORUM (46)** durch Heinz Tesar 2005 setzen weitere städtebauliche Akzente. Das minimalistische Lokal „Sitzwohl" (2006) steht im harmonischen Kontrast zum traditionellen „Café Central", in dem Wiener Kaffeehauskultur gepflegt wird. Das **KAUFHAUS TYROL (47)** wurde 2009/2010 nach Plänen von David Chipperfield am Standort des ehemaligen Traditionskaufhauses errichtet. Als Eigentümer und Bauherr fungiert die SIGNA-Unternehmensgruppe von René Benko.

Weiter südwärts in der Maria-Theresien-Straße befindet sich rechts eine Erinnerungstafel, die auf das Georgentor hinweist. Der Vorgängerbau des heutigen Landhauses, die maximilianische Plattnerei, wurde 1621 bei einem Brand zerstört. Stattdessen entstand hier 1725/28 das **LANDHAUS (48)** der Ti-

roler Stände, welches auch heute noch Sitz der Tiroler Landesregierung ist. Der Haupttrakt ist mit den zwei Querflügeln um einen rechteckigen Hof angeordnet. Der Bau stellt das Hauptwerk von Georg Anton Gumpp dar und gilt als der bedeutendste Barockpalast Innsbrucks. Die Fassade wird von einem hervortretenden Mittelrisalit gegliedert, wobei vier Pilaster mit ihren Kapitellen die

FRÜHE DEMOKRATEN?

Dass die Bauern hier bei der Ständevertretung mit dabei waren, wird allgemein aus jenen historischen Zugeständnissen abgeleitet, die Ludwig der Brandenburger 1342 im Großen Freiheitsbrief seinen Untertanen gewährte. Darin heißt es ausdrücklich, diese Privilegien seien ALLEN Untertanen zu gewähren – Propaganda oder tatsächlich Tiroler Demokratie im 14. Jahrhundert?

Taxispalais und -galerie

jeweiligen vier Stände symbolisieren: Bürger – Adel – Klerus – Bauern.

Im Inneren des Landhauses führt eine Monumentalstiege in den zweigeschossigen Landhaussaal. Nikolaus Moll schuf die Barockdekoration wie Statuen und Prunkkamine, der Stuck stammt von den Wessobrunner Künstlern Gigl und Gratl. Die Deckenfresken wurden von Cosmas Damian Asam 1734 gemalt und beziehen sich auf die Reichtümer des Landes. Der Saal dient heute als Sitzungssaal des Tiroler Landtages und ist deshalb nur sehr eingeschränkt zu besichtigen.

Die **ST.-GEORGS-KAPELLE** im Innenhof ist ein barockes Juwel von 1730. Vier Skulpturen mit dem Titel „Fassade der Hoffnung" (2009) des Südtiroler Künstlers Lois Anvidalfarei (*1962) schmücken des Außenbau der Kapelle.

Im Anschluss an das Landhaus befindet sich das Palais Fugger-Taxis, heute Sitz der landeseigenen **GALERIE IM TAXISPALAIS (49),** die durch einen gelungenen Umbau von Architekt Hanno Schlögl ihre Räumlichkeiten entscheidend erweitern konnte. Gemeinsam mit dem schräg gegenüber liegenden **KUNSTRAUM (50)** sowie der **GALERIE THOMAN** im Arkadenhof stellen diese Galerien wichtige Foren für zeitgenössische Kunst dar (s. Galerien, S. 120).

Das Palais Taxis, Maria-Theresien-Straße 45, wurde 1680 als frühester Palastbau von Johann Martin Gumpp d. Ä. errichtet. Die dreiflügelige Anlage galt als Musterbeispiel eines barocken Palastbaus. Auch hier findet man den Korbgitterbalkon als typisches Merkmal für Johann Martin Gumpp d. Ä. Der im Obergeschoss gelegene Festsaal wurde 1785/86 von Martin Knoller in klassizistischer Malweise mit dem „Urteil des Paris" ausgeschmückt. Seit 1905 ist das Gebäude im Besitz der

EIN PALAIS ALS POSTAMT

Maximilian I. führte auch die reitende Post ein, um Nachrichten und Waren schneller befördern zu können. Er übertrug diese Aufgabe der Familie Thurn & Taxis, die das Palais von den Fuggern erwarb. Ab 1784 diente es als Postgebäude.

Tiroler Landesregierung und mit dem Neuen Landhaus verbunden.

Gegenüber befindet sich das **PALAIS WOLKENSTEIN-TRAPP (51),** Maria-Theresien-Straße 38, ebenfalls ein Bau von Johann Martin Gumpp d. Ä. Der ehemalige Ansitz „Wolkenburg", dann „Wolkenstein", kam im 17. Jahrhundert in den Besitz der Grafen Trapp, die es heute noch als Stadtpalais bewohnen. Die lang gestreckte Vorderfront wird von einem großzügigen Portal beherrscht, das mit einem Allianzwappen Trapp-Spaur und einem Muttergottesrelief geschmückt ist.

TIPP: Im äußerst reizvollen Innenhof, der von zwei seitlichen Flügeln eingeschlossen wird und im rückwärtigen Teil noch über eine barocke kleine Gartenanlage mit Gartenhaus verfügt, befindet sich ein Café mit gepflegtem Ambiente sowie die renommierte **GALERIE MAIER (52)** mit dem Schwerpunkt auf die Kunst der Zwischenkriegszeit und der frühen Moderne.

In unmittelbarer Nachbarschaft erstreckt sich das Hauskloster der Familie Trapp, das **SERVITENKLOSTER MIT DER SERVITENKIRCHE ZUM HL. JOSEF (53).** Gegründet wurde es 1614 von Erzherzogin Anna Caterina Gonzaga, der zweiten Gemahlin Erzherzog Ferdinands II. In jungen Jahren verwitwet, trat sie selbst mit ihrer Tochter in das Regelhaus ein und nahm den Namen Anna Juliana an. Das erste Servitenkloster brannte 1620 ab, der zweite Bau wurde 1626 durch den Hofbaumeister Giovanni Colato Sperandio (zu deutsch Hoffingott) errichtet, der, wie die Erzherzogin, aus Mantua stammte. Im Kloster finden sich noch viele Reminiszenzen an die allseits hoch verehrte Stifterin, vor allem in der Kunstkammer (s. S. 85). Zugang ist nach telefonischer Vereinbarung möglich (für Gruppen nicht geeignet). Kirche und Kloster wurden im Zweiten Weltkrieg stark in Mitleidenschaft gezogen. Die Fresken der

Reiseschreibtisch der Anna Caterina Gonzaga, Ende 16. Jh., Kunstkammer der Serviten

Kirche wurden großteils zerstört und von Hans Andre in barockem Duktus wiederhergestellt. Von Interesse ist die Peregrini-Kapelle mit einem prachtvollen Ebenholz-Elfenbein-Altar und einem Grabstein der Grafen Trapp. In der Weihnachtszeit steht hier eine wertvolle barocke Krippe mit bekleideten Wachsfiguren. Schräg vis-à-vis befindet sich in der Maria-Theresien-Straße 55 die **TIROL WERBUNG (54)** mit angeschlossenem Tirol-Shop.

Am Ende der Maria-Theresien-Straße, an der Grenze zum Stadtteil Wilten (Grenzstein von 1745 am Haus Gasthof Krone), erhebt sich majestätisch die **TRIUMPHPFORTE (55).** Ursprünglich aus Holz- und Stuckmaterial errichtet, sollte sie der einziehenden Braut Maria Ludovica von Spanien 1765 als Ehrenpforte dienen. Nach den tragischen Ereignissen im Umfeld der Hochzeit (plötzlicher Tod von Kaiser Franz I.) beschloss Maria

Triumphpforte, Südseite

Theresia, aus den Steinen des abge-brochenen Vorstadttores einen Tri-umphbogen nach römischem Vorbild zu errichten. Man orientierte sich bei dessen Bau auch am Triumphbogen von Florenz (1737). Er sollte einerseits die Hochzeit (Südseite), andererseits den Tod (Nordseite) zum Thema ha-ben. Balthasar Moll schuf die Skulp-turen 1774/75 mit Medaillons des Brautpaares, der kaiserlichen Eltern und der anwesenden Geschwister des Bräutigams. Auf der „Hochzeitsseite" sind die Vermählung und der Altar der Liebe als Relief dargestellt, während auf der „Trauerseite" die „Vorsehung" und die „Unsterblichkeit" an den Tod von Kaiser Franz I. erinnern sollen.

Südwestlich der Triumphpforte steht das **WINKLER-HAUS (56)** mit einer farbenfroh gestalteten Jugendstilfas-sade, ein gelungenes und seltenes Beispiel des Münchner Jugendstils um 1902.

Geht man östlich der Salurner Straße in Richtung Bahnhof, so befindet sich neben dem Hotel Hilton das **CASINO (57),** das Anfang der 1990er-Jahre er-richtet wurde und die letzten öffentli-chen Arbeiten des berühmten Tiroler Künstlers Max Weiler (1910–2001) in Innsbruck besitzt (1992/93): „Freu-dige Komposition", „Goldregen und schwarzer Baum" und „Introduktion".

Daran anschließend fällt der Blick auf das **ERSTE „HOCHHAUS" (58)** Innsbrucks, die „Städtischen Licht- und Kraftwerke", heute Sitz der Kom-munalbetriebe. Das Gebäude wurde 1926/28 von Lois Welzenbacher er-baut und erregte mit seinem Flach-

dach und den deutlichen Anklängen an das Bauhaus den Unmut der Be-völkerung. Nach einer teilweisen Zer-störung im Zweiten Weltkrieg wurde es durch Baurat Otto Mayr 1950 um-gebaut und mit einem Walmdach versehen.

Nördlich davon erstreckt sich der **EDUARD-WALLNÖFER-PLATZ (59)** mit dem Neuen Landhaus, ein typischer Bau von 1938, heute Sitz der Ämter der Tiroler Landesre-gierung. In der Mitte des 2011 vom Architekten-Team ARGE asteludin/stiefel kramer/grüner neu konzipier-ten Platzes steht das Befreiungs-denkmal, das der Gefallenen des Zweiten Weltkriegs gedenkt.

Die Wilhelm-Greil-Straße führt zum **BOZNER PLATZ (60),** der ab 1852 verbaut wurde und früher Margare-thenplatz hieß. Hier erhebt sich der Rudolfsbrunnen, der anlässlich des 500-Jahr-Jubiläums der Vereinigung Tirols mit Österreich (1363–1863) nach einem Entwurf vom Wie-ner Dombaumeister Friedrich von Schmidt errichtet wurde. Die Figur von Rudolf IV. bekrönt den monu-mentalen Brunnen. Den nördlichen Abschluss der Wilhelm-Greil-Straße bildet das **TIROLER LANDES-MUSEUM FERDINANDEUM (61).** Der 1823 gegründete Museumsverein beauftragte Anton Mutschlechner mit dem Bau des ersten eingeschossigen Gebäudes, das dann 1884/85 von Na-tale Tommasi aus Trient aufgestockt und neu fassadiert wurde. Ein Umbau erfolgte 2004, 2007 wurde die Tiroler Landesmuseen-Betriebsgesellschaft gegründet.

Altes Landhaus

DIE GUMPPS
eine künstlerfamilie

Die Familie Gumpp stellte seit dem 16. Jahrhundert landesfürstliche Handwerker, Festungs- und Fortifikationsbaumeister, Ingenieure, Kartografen und Hofbaumeister. Der erste bedeutende Vertreter der Familie war Christoph Gumpp, welcher mit dem Comediehaus (Congresshaus) den längsten Saalbau seiner Zeit und das erste freistehende Theatergebäude nördlich der Alpen schuf. Christophs Sohn, Johann Martin d. Ä., zählte den Adel und die Kirche zu seiner Klientel.

Neben dem Alten Regierungsgebäude in der Altstadt plante er unter italienischem Einfluss zahlreiche Adelspaläste entlang der heutigen Maria-Theresien-Straße (Spaur-Troyer, Lodron, Trapp, Fugger-Taxis, Sarnthein) und beeinflusste dadurch die Form des barocken Palastbaues im deutschsprachigen Raum. Zu Johann Martins Sakralbauten zählen die Spitals- und die Ursulinenkirche. Das genialste Familienmitglied war Georg Anton, der, beeinflusst von Borromini und Bernini, das Landhaus der Tiroler Stände schuf, wo demonstrativer Glanz und üppige Pracht über die politische Ohnmacht der Stände hinwegtäuschen sollten. Den Künstlerreigen beschließt Johann Martin d. Jüngere, den Maria Theresia mit dem Umbau der veralteten Hofburg beauftragte.

Zur Ausführung kam unter Gumpp nur der Süd- und Westflügel. Die über vier Generationen andauernde Tätigkeit der Familie Gumpp veränderte das Stadtbild Innsbrucks vom Frühbarock bis zum Hochbarock maßgeblich.

EISERNE GEWANDUNG
prunkrüstungen & turnierharnische

Die große Zeit der Rüstungen setzte an der Wende vom 14. zum 15. Jahrhundert ein, wo diese nicht mehr nur für kriegerische Auseinandersetzungen, sondern auch zu Unterhaltungszwecken bei Turnieren eingesetzt wurden. Bedeutende Zentren der Plattnerei lagen in Nürnberg und Augsburg, in Mailand und ab der Regentschaft Erzherzog Sigmunds des Münzreichen auch in Innsbruck. Um 1470 etablierte sich hier eine Produktionsstätte in der „Neustadt". Diese Hofplattnerei nützte den umgeleiteten Sillfluss zum Maschinenantrieb. Eine Glanzzeit stellte die Herrschaft Kaiser Maximilians I. dar, wo neben Rüstungen für kriegerische Zwecke vorwiegend Prunkrüstungen und Harnische für Turniere hergestellt wurden. Eine Spezialität der Innsbrucker Produktion war der „Riefelharnisch", mit senkrechten oder waagrechten Aufwürfen des Metalls sowie Anleihen der damaligen Herrenmode. Conrad Seusenhofer entwarf den sogenannten „Faltrockharnisch", eine Rüstung in Rock- oder Glockenform, die ganz im Sinne der höfischen Repräsentation stand. Die Innsbrucker Erzeugnisse galten als erstklassiges Kunsthandwerk, wie dies Exporte nach Schottland, England, Frankreich, Ungarn und Venedig belegen. Die Veränderung der Kriegstechnik führte jedoch zum Bedeutungsverlust der Rüstung und als die Finanzkraft der Tiroler Landesfürsten zurückging,

Lorenz Helmschmid, Riefelharnisch, 1516, © KHM

mussten die Nachfolger Maximilians die Produktion aus Sparmaßnahmen heruntersetzen. Zu den namhaftesten Plattnern in Tirol zählten Hans Laubermann, Kaspar Rieder sowie die Familien Seusenhofer (Conrad, Hans, Jörg) und Topf (Jakob, Hans Jakob).

ROUTEN DURCH DIE STADT

ROUTE 04

WUNDERKAMMERN
renaissancekultur auf schloss ambras

ROUTE 04

DAUER
1,5–3 Std.
ROUTE
Unterschloss: Rüstkammern, Kunst- und Wunderkammer, Spanischer Saal, Bad und Innenhof (1,5 Std.)
Hochschloss: St.-Nikolaus-Kapelle, Gotische Sammlung und Porträtgalerie zur Geschichte Österreichs; in den Sommermonaten meist Sonderausstellung in den ehemaligen Wohnräumen (1,5 Std.)
Renaissancegarten und Landschaftspark, Café und Restaurant (10–17 Uhr)
ZUSATZINFOS
Schloss Ambras ist mit dem „Sightseer" erreichbar (Abfahrt ab Congress 1. 5.– 31. 10. 9–17.30 Uhr, halbstündlich. 1. 11.–30. 4. 10–17 Uhr, stündlich), außerdem mit der Straßenbahn-Linie 3 (Fußweg) oder mit dem Auto; Busparkplatz vorhanden. siehe auch Kap. 03– Museen, Seite 81f

AMBRAS (62) ist ein Hort der Renaissance, für den man etwas Zeit braucht. Für Eilige mag es genügen, sich das Unterschloss anzuschauen – wer sich jedoch näher darauf einlassen will, sollte einen halben Tag veranschlagen, im Garten verweilen und sich zwischen den Besichtigungen im Schlosscafé stärken. Das Ambiente von Ambras ist auch heute noch authentisch, zahlreiche Adaptierungen und neue Prä-

sentationen (Kunstkammer 1974, Porträtgalerie 1976, Renaissancegarten 1997, Rüstkammern 2004) machen aus Ambras ein Gesamtkunstwerk im europäischen Kontext. Dem Kunsthistorischen Museum Wien (KMH) zugehörig sind die Sammlungen, die Bundesgebäudeverwaltung ist für die Baulichkeiten, die Bundesgärten sind für die Grünanlagen verantwortlich.

Der Name Ambras leitet sich von „ad umbras" (im Schatten gelegen) ab; aus „Omeras" wurde schließlich Ambras. Erste Nachrichten über eine trutzige Burganlage der Andechser reichen ins 11. Jahrhundert zurück, als die mittelalterliche Burg eine wichtige Schutzfunktion für die nahe gelegene Brennerstraße ausübte. 1133 durch Heinrich den Stolzen zerstört, wurde die Burg wieder aufgebaut und hatte verschiedene Besitzer, bis sie im 15. Jahrhundert landesfürstlich wurde. Als im 16. Jahrhundert die Wahl von Erzherzog Ferdinand II. auf Ambras als Wohnsitz für seine Familie fiel, begann der eigentliche Aufstieg. Noch von Böhmen aus leitete der kunstsinnige Fürst Umbauarbeiten in die Wege (Briefwechsel mit Giovanni Lu-

Blick auf das Hochschloss

chese). Ferdinand II. erbte 1564 nach dem Tod seines Vaters Kaiser Ferdinand I. Tirol und die Vorlande, 1567 traf er in Tirol ein. Seine Bevorzugung von Ambras gegenüber der Hofburg hatte einen plausiblen Grund: Er war nicht standesgemäß mit der bürgerlichen Kaufmannstochter aus Augsburg, Philippine Welser (gest. 1580), verheiratet. In Ambras ließ er nun die mittelalterliche Burg in ein prächtiges Renaissanceschloss umbauen, legte Gärten und Weiher an und feierte mit seiner allseits beliebten Gemahlin aufwendige Feste. Das noch erhaltene Trinkbuch, das als Gästebuch fungierte, gibt Aufschluss über die hier herrschende fröhliche Geselligkeit.

Nach Ferdinands Tod 1595 wurde das Schloss nur noch gelegentlich benutzt, der Schlosshauptmann führte interessierte Besucher aber bereits damals gegen Entgelt durch die Sammlungen. Diese gingen testamentarisch an das Haus Habsburg (Rudolf II.) und waren so geschützt vor Verkauf und Plünderung.

Spanischer Saal

In extreme Gefahr geriet die Sammlung 1805 nach der Niederlage Österreichs gegen Napoleon. Erst nach vielen Verhandlungen erkannte dieser den privatrechtlichen Charakter der Sammlung an, sodass diese 1806 nach Wien gebracht werden konnte.

Beim Wiener Kongress 1815 wurden Teile der Sammlung erstmals öffentlich im Unteren Belvedere ausgestellt. Seit dieser Zeit existiert der Begriff „Ambraser Sammlung". Damals fand aber auch eine Teilung der Gegenstände statt: Die Kunstobjekte behielt man in Wien (darunter auch die berühmte „Saliera" von Benvenuto Cellini), während man nach Tirol die Kuriositäten zurückschickte. Heute ist Ambras eine Außenstelle des Kunsthistorischen Museums Wien, das auch die Sammlungen betreut.

In der Mitte des 19. Jahrhunderts erlebte das Schloss unter Erzherzog Karl Ludwig (1833–1896) nochmals eine Zeit der Umwandlung. Als Gouverneur von Tirol nahm er sich des Schlosses an, ließ notwendige Reparaturarbeiten durchführen (Dächer) und den Park neu gestalten. Zudem kaufte er verschiedene Möbelstücke aus unterschiedlichen Epochen an,

um das Schloss wieder einzurichten. Nach seiner Verzichtserklärung blieb das Schloss in unfertigem Zustand, bis es ab 1880 museal genutzt wurde.

Die Anlage gliedert sich in das Unterschloss, das eigens für die Sammlungen des kunstsinnigen Erzherzogs erbaut wurde (mit Rüstkammern und der Kunst- und Wunderkammer), dem Spanischen Saal und dem Hochschloss. Dort befinden sich ein Badezimmer aus dem 16. Jahrhundert, die neugotische Kapelle St. Nikolaus, der Innenhof, eine gotische Sammlung sowie die Porträtgalerie zur Geschichte Österreichs. Zudem gibt es noch einen ausgedehnten Landschaftspark aus dem 19. Jahrhundert und den Keuchengarten, der 1997 als Renaissancegarten-Zitat angelegt wurde.

Die **RÜSTKAMMERN** beherbergen Exponate zum Turnierkampf, persönliche Rüstungen, darunter den berühmten Hochzeitsharnisch Ferdinands II., kuriose Harnische wie den Knechtsharnisch vom Hofriesen Giovanni Bona und Masken zum husarischen Turnier. Es sind größtenteils Erzeugnisse der Innsbrucker Hofplattnereien, die mit Konrad Seusenhofer und Jakob Topf

ROUTEN DURCH DIE STADT

berühmte Harnischschläger hervorgebracht hatten. Der Großteil der ferdinandeischen Sammlung befindet sich heute in der Hof-, Jagd- und Rüstkammer in Wien (KHM). Der bedeutendste Teil der Harnischsammlung Ferdinands war die „Heldenrüstkammer", wo in architektonisch geformten Kästen die Rüstungen von Helden ausgestellt waren. Diese liberal angelegte Sammlung (Freund und Feind war vertreten, einziges Kriterium war die „virtù") wurde im „Armamentarium Heroicum" aufgezeichnet und stellt heute eine wertvolle Quelle dar.

Die **KUNST- & WUNDERKAMMER** ist das Herzstück der Ambraser Sammlung. Ferdinand II. war eine der bedeutendsten Sammlerpersönlichkeiten des Hauses Habsburg. Es gelang ihm, mit seiner Kunstkammer nachhaltig erzieherisch zu wirken: Seine Sammlungen sollten adelige wie nichtadelige Besucher erfreuen und belehren. Er präsentierte seine Sammlungen geordnet nach Materialien in verschiedenen Kästen, wobei Kunst und Kurioses auf engstem Raum zu finden war: Eine weit gefächerte Palette zwischen Naturprodukt (Naturalie) und Kunstwerk (Artificialie) erfreute den Betrachter, wobei vor allem die Kuriositäten (hochgeschätzte aber wenig bekannte Dinge, wie z. B. Arbeiten aus Elfenbein, Alabaster, Korallen, Perlmutt, Rhinozeroshorn oder Kokosnüsse) damals sehr begehrt waren.

Die **KLEINE RÜSTKAMMER** (alle damals gebräuchlichen Waffengattungen sind hier zu sehen) durchschreitend, gelangt man in das Antiquarium, das „studiolo" des Erzherzogs, wo er Werke der Antike anhand von Kopien des 16. Jahrhunderts studierte. Eine bedeutende **BIBLIOTHEK** befand sich ebenfalls hier, ihre Bestände sind heute in der Innsbrucker Universitätsbibliothek und in der Österreichischen Nationalbibliothek zu finden. Druckgrafische Werke wie Weißkunig, Theuerdank und Freydal aus der Ära Maximilians I. wie auch das Ambraser Heldenlied (älteste Fassung des Gudrunliedes) sind Zimelien der Nationalbibliothek.

Der **SPANISCHE SAAL** wurde von Giovanni Luchese zwischen 1570 und 1572 als frühester freistehender Festsaal im Stil der Renaissance nördlich der Alpen errichtet und wird heute als Konzertsaal während der Sommermonate genutzt. Hier findet man alle

Innenhof mit Grisaille-Malerei, um 1570

Tiroler Landesfürsten bis Ferdinand II. versammelt, außerdem Grotesken-malereien (an der Südwand) und eine prachtvolle intarsierte Kassettende-cke. Diese und die qualitätvollen Ein-legearbeiten der Türen stammen von Conrad Gottlieb (1571/72).

Im **INNENHOF** sind Grisaille-Ma-lereien (in Grautönen) mit gemalter Scheinarchitektur („trompe d'œil") zu bewundern. Das Badezimmer von Philippine Welser war mit seinem Heizkessel aus Kupfer, dem Anklei-deraum und dem eigentlichen Bad für die damalige Zeit luxuriös. Es ist sicherlich auf Wunsch der Hausherrin entstanden (1567), die hier, auf ei-nem Sessel sitzend, heiße Güsse be-kam. Die **ST.-NIKOLAUS-KAPELLE** stammt in ihrer heutigen Dekoration aus dem 19. Jahrhundert. In den Go-tischen Sammlungen befinden sich Kunstwerke, die unter Karl Ludwig angekauft wurden. Der **GEORGSAL-TAR**, der 1515 von Sebald Bocksdor-fer (Bildhauer) und Sebastian Scheel (Maler) im Auftrag von Kaiser Maxi-milian I. hergestellt wurde, ist ein be-deutender Renaissancealtar. Die Hei-ligen auf den Tafeln (Sebastian und

Pankratius) tragen Züge der Enkel Maximilians: Karl V. und Ferdinand I.

Die **PORTRÄTGALERIE** zur Ge-schichte Österreichs im Hochschloss umfasst rund 250 Porträts von Mit-gliedern des Hauses Habsburg und ihnen nahestehender Dynastien aus der Zeit von 1400 bis 1800. Nicht nur die Tatsache, dass die Genealogie der Habsburger lückenlos nachvollzieh-bar und für jeden Historiker und Inte-ressierten von unschätzbarem Wert ist, auch die Qualität der Bilder, die teilweise von bedeutenden Malern stammen, macht diese Sammlung so einzigartig.

BERÜHMTE HOFMALER

Hofmaler wie Burgkmair, Strigel, Seisenegger, Terzio, Tizian, Arcimboldo, Hans von Aachen, Cranach, Rubens, Anthonis Mor, Joseph Heinz, Velàzquez, Elisa-beth Vigée-Lebrun, Maron u. v. a. überliefern uns mehr oder weniger physiologische Darstellungen der Porträtierten und zugleich eine Entwicklungsgeschichte der höfischen Mode.

Niklas Reiser (?),
Maria von Burgund,
um 1500, © KHM

Der heute bestehende Renaissance-garten, genannt **„KEUCHENGAR-TEN",** wurde 1997 in Zusammenar-beit zwischen der Österreichischen Gesellschaft für Historische Gärten, Landschaftsarchitekten, Gartenhisto-rikern und den Bundesgärten als „Re-naissancegarten-Zitat" erstellt. Heute erfreuen sich Schloss- und Konzert-besucher an diesem Gartenjuwel.

Die **BACCHUSGROTTE** als Ort gesel-liger Zusammenkünfte diente der Er-probung der Trinkfestigkeit: Auf dem „Fangstuhl" (s. Kunstkammer, S. 63) gefesselt, musste man seine Trinkfes-tigkeit unter Beweis stellen und einen viertel (Damen) bzw. einen halben Liter Wein (Herren) auf einen Zug aus-trinken. Dann wurde man in den Am-braser Trinkclub aufgenommen und durfte sich in das Trinkbuch (heute in der Kunstkammer) eintragen.

DER KEUCHENGARTEN

Der im Garten liegende Teich wurde 1855 unter Erzherzog Karl Ludwig als Schwimmbad angelegt, aber nie benutzt. So sind in diesem kleinen, abgesenkten Garten die zwei wichtigsten Pha-sen der Gartengestaltung, das 16. und das 19. Jahrhundert, ablesbar. Eingebettet zwischen Spanischem Saal, dem ehemaligen Ballspiel-haus (Heckenwand), der Bacchus-grotte mit darübergelegenem Hasengarten und dem Wildpark, war dieser Garten ein angeneh-mer Aufenthaltsort im Freien und diente der höfischen Erholung und Kurzweil.

Kunstkammer,
Korallenkabinett

Kunstkammer,
Fangstuhl

FERDINAND II.
kunstsammler & gartenschöpfer

Einer der bedeutendsten Sammler des Hauses Habsburg war Erzherzog Ferdinand II. (1529–1595). Neben seinen Kunstsammlungen – für die er Agenten beauftragte, jeweils interessante, ausgefallene Stücke an seinen Hof zu bringen – hatte der Erzherzog noch eine zweite Leidenschaft, nämlich die Gartenkunst. So ließ er den Innsbrucker Hofgarten – bisher nur ein unbedeutender Nutzgarten – entscheidend vergrößern und im Stil der italienischen Renaissance anlegen. Ebenso wurden die Gärten in Ambras aufs Prächtigste gepflegt und von den Zeitgenossen überschwänglich gelobt. Alles, was zur täglichen „Hofkuchelnotdurfft" vonnöten war, wurde in den Gärten von Ambras gepflanzt. Wasserkünstler führten Überraschungseffekte durch (z. B. Umlaufender Tisch). Ein Pomeranzenhaus

wurde errichtet, über 200 Gartenstatuen aus Terrakotta bei Meister Colin bestellt. Weiters gab es zwei Ballspielhäuser, ein „Böhmisches Lusthaus" mit Sgrafittomalerei und ein Löwenhaus, alles Reminiszenzen an den Königsgarten in Prag. In seiner Bibliothek befanden sich gartentheoretische Werke (Hans Vredeman de Vries und Hans Puechfelder) und mit seiner großen Verwandtschaft tauschte man gärtnerische Ratschläge aus (Briefwechsel mit Francesco de' Medici).

Für seine zweite Gemahlin, Anna Caterina Gonzaga (Heirat 1582), ließ er das hölzerne Gartenschloss „Ruhelust" im Hofgarten erbauen, welches auf das Prächtigste ausgestattet war, aber 1636 abbrannte. Farbige Ledertapeten zierten die Wände, eine Schönheitsgalerie mochte den Erzherzog

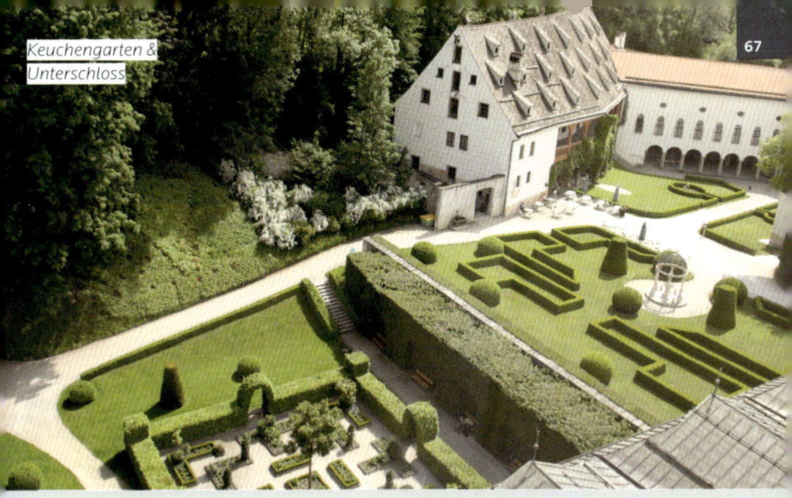

Keuchengarten & Unterschloss

belustigt und erfreut haben. So gab es sechs aneinandergrenzende Lustgärten, jeweils durch Treillagen abgeteilt und mit erlesenen Kunstwerken versehen (Marmortisch, Satyrbrunnen, Gartenpavillons). Mit der Anlegung eines Irrgartens 1582 für Anna Caterina knüpfte er an die oberitalienische Tradition an, wobei es sich um einen der frühesten nördlich der Alpen handelte. Diese prächtige Gartenkunst Erzherzog Ferdinands II. wurde von seinen Nachfolgern nicht geschätzt und so setzte sehr bald der Verfall ein. Während des Dreißigjährigen Krieges wurde Teile davon in Nutzgärten umgewandelt, nur die Infrastrukturen blieben erhalten. Die Innsbrucker Hofgärten erreichten im 16. Jahrhundert eine Hochblüte, an die erst der Landschaftspark des 19. Jahrhunderts wieder anknüpfen konnte.

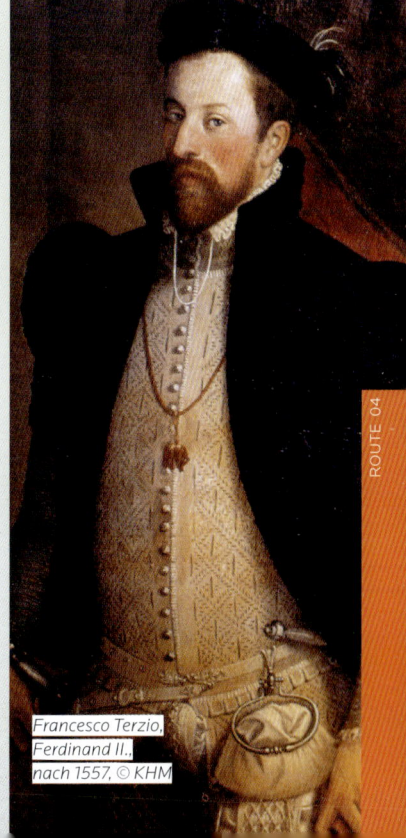

Francesco Terzio, Ferdinand II., nach 1557, © KHM

ROUTE 05

WILTEN

der stadtteil der prämonstratenser

ROUTE 05

DAUER
2–3 Std., je nach Intensität der Besichtigung
ROUTE
Prämonstratenserstift Wilten mit Stiftssammlung – Basilika Wilten – Glockengießerei Grassmayr – Bergisel
ZUSATZINFOS
Wilten ist am bequemsten mit dem „Sightseer" erreichbar (alle 30 Min.); Fußweg vom Zentrum rund 40 Min.
MUSEEN
Glockenmuseum, Stiftsmuseum, Museum Tirol Panorama
siehe auch Kap. 03 – Museen, Seite 83f

Auf dem Gebiet des heutigen Stadtteils Wilten befanden sich seit etwa 300 n. Chr. ein römisches Straßenkastell und ein militärischer Stützpunkt, Veldidena genannt. Es war ein wichtiger Ort in der Provinz Rätien (heutiges Nordtirol). Später wurde aus Veldidena „Wilthina", „Wilthein", „Wilthau" (wilde Au?) und dann „Wilten". Ein Heiligtum aus dem 4./5. Jahrhundert, dem heiligen Laurentius geweiht, dürfte auf dem Platz der heutigen Stiftskirche gestanden haben.

DIE STIFTSKIRCHE (63)

Im 9./10. Jahrhundert gab es bereits ein Kloster, das von Regularkanonikern bewirtschaftet wurde, die ein lockeres klösterliches Leben verband. 1128 wurde die Gemeinschaft aufgehoben und stattdessen Prämonstratenser aus Schwaben (Rott am Inn) berufen, die sich um Seelsorge und Kloster kümmerten. Dieser gerade erst gegründete Orden der Prämonstratenser wurde 1138 durch Papst Innozenz II. bestätigt.

Nach dem romanischen Kloster entstand eine gotische Klosteranlage, deren Aussehen noch auf dem spätgotischen Ursula-Altar im Stiftsmuseum zu sehen ist. Die Barockisierung erfolgte 1661–1665 durch Christoph Gumpp, den Stammvater der Künstlerdynastie. Er baute eine einschiffige Wandpfeilerkirche im typisch frühbarocken Stil: weißer, schwerer Stuck mit Fruchtgehängen, kleinteilige, sehr farbige Fresken von Kaspar Waldmann und einen schwarzen Hochaltar, der den Thron Salomons in perspektivischer Sicht darstellt (Ägid Schor). Typisch für diese Zeit sind die Kontraste zwischen dem weißen Stuck und den dunklen Altären (gefärbtes Birnbaum-

DER RIESE HAYMON

Der Sage nach gab es einen Klostergründer mit Namen Haymon (bayerischer Adeliger?). Dieser soll aus Sühne, da er seinen Gegner Thyrsus im Kampf erschlagen hatte, ein Kloster errichtet haben. In der Sage wurden daraus zwei Riesen, so wie sie im Eingang der Vorhalle dargestellt sind.

patrone. 1128 wurden die Prämonstratenser nach Innsbruck berufen. Der Orden, welcher durch den Wanderprediger Norbert v. Xanten 1120 gegründet worden war, kümmerte sich fortan um Kloster und Seelsorge.

Über dem Eingang zum Kloster ist eine bronzene Figur des Haymon als Drachentöter, von Caspar Gras aus dem Jahr 1620 angebracht. Im Zweiten Weltkrieg erlitt das Kloster schwere Bombenschäden.

Im Vestibül des Stifts befindet sich ein großes Deckenfresko, das den Bau in Prémontré (Mutterkloster) durch den heiligen Norbert darstellt, Ägid Schor schuf es 1696. Der Norbertisaal (Fresken von Kaspar Waldmann, teilweise zerstört im Zweiten Weltkrieg; von Wolfram Köberl in barocker Weise wiederhergestellt), das Jagdzimmer (gemalte Tapeten ebenfalls von Waldmann mit Jagdszenen) und der Gartensaal (illusionistische Gartenprospekte von Johann Ferdinand Schor, Proszenium (= Balustrade), Vorhangmotiv und Karyatiden von Kaspar Waldmann) sind noch bedeutende Ausstattungsteile des barocken Klosters.

Stiftskirche Wilten

holz). Georg Anton Gumpp errichtete 1716 die zurückversetzte Vorhalle, Nikolaus Moll schuf die Nischenfiguren der Riesen und die Balustradenfiguren (Heilige Laurentius, Augustinus, Maria, Norbert und Stephanus als Stifts-

Das **STIFTSMUSEUM** beinhaltet eine Sammlung von Gemälden und Plasti-

Basilika Wilten

ken von der Gotik zum Barock, Messgewänder und liturgische Gerätschaften sowie gotische Altäre. Im angrenzenden Raum – leider nur als Kopie – sind die Gründungsurkunde der Stadt Innsbruck von 1239 (Original in der Stiftsbibliothek) und der Wiltener Kelch zu sehen. Der Kelch musste 1938 in äußerster finanzieller Not verkauft werden und ist heute im Besitz des KHM Wien.

Im gotischen **HOFGERICHTS- UND LEUTHAUS (64),** Klostergasse 1, sind heute die „Wiltener Sängerknaben" untergebracht. Das Haus birgt noch Reste eines römischen Straßenturms.

Die Pfarrkirche Wilten, die **BASILIKA MARIÄ EMPFÄNGNIS (65),** ist seit dem 14. Jahrhundert als Wallfahrtskirche „Maria unter den vier Säulen" bekannt; die verehrte Muttergottesstatue am Hochaltar stammt aus dieser Zeit. Die Gründungslegende ist als Fresko über der Orgelempore dargestellt.

DAS MARIENBILD

Römische Soldaten, die schon zum christlichen Glauben bekehrt waren, fanden unter vier Bäumen ein Marienbild und vergruben es, später wurde eine Kirche an der Stelle errichtet. Ein Bauer entdeckte das Bild, das sich als wundertätig herausstellte, bald darauf setzte eine rege Wallfahrt ein.

Die Basilika ist einer der bedeutendsten Sakralbauten Tirols und genau 100 Jahre jünger als die Stiftskirche. Der gotische Vorgängerbau wurde 1751–1755 nach Plänen des geistlichen Herrn (und Baudilettanten)

DER WILTENER KELCH

Der Wiltener Kelch wurde 1160/70 in Niedersachsen hergestellt. Graf Berchtold IV. von Andechs schenkte ihn dem Abt von Wilten aus Dankbarkeit für die Überlassung der Gründe am Inn, auf denen dann die Stadt Innsbruck entstand. Henkelkelch, Patene und Fistulae (Saugröhrchen) wurden in Niellotechnik gefertigt und sind erstklassige Goldschmiedekunstwerke der damaligen Zeit.

Franz de Paula Penz im Stil des Rokoko neu errichtet. Seit 1957 trägt die Kirche den Ehrentitel „Basilika minor" – über dem Portal ist das Wappen des jeweiligen Papstes zu sehen. Der einschiffige Kirchenraum zeigt sich hell und lichtdurchflutet. Die großflächigen Deckenfresken in zarten, pastosen Farben wurden um 1754/1755 von Matthäus Günther aus Augsburg gemalt. Das Programm behandelt die Fürbitten Mariens und die Taten ihrer alttestamentarischen Vorgängerinnen. Die asymmetrische Dekoration aus Stuck (Rocaillen) ist ein typisches Zeichen des Rokoko. Der Hochaltar („Ziborium") mit vier schlanken Säulen stammt aus der Mitte des 18. Jahrhunderts. Ein Votivbild am südlichen Wandpfeiler zeigt Herzog Friedrich IV. „mit der leeren Tasche". Er hatte es zum Dank für die Wiedererlangung der Herrschaft in Tirol gestiftet. Friedl kniet gemeinsam mit seinem Weggefährten Hans von Müllinen unter dem Schutzmantel der Madonna.

Von der Basilika aus in nördlicher Richtung erreicht man die **GLOCKEN-**

DIE KUPPELN DER BASILIKA

Westliche Kuppel: *Judith befreit die Stadt Betulia vom tyrannischen Feldherrn Holofernes, indem sie sich mit einer Magd ins feindliche Lager schleicht, den Feldherrn betrunken macht und ihm den Kopf abschlägt, den sie dann über den Stadtmauern präsentiert.*

Östliche Kuppel: *Ester tritt als Retterin ihres Volkes vor ihren gestrengen Gatten Ahasver, der es bei Todesstrafe untersagt hatte, unangemeldet vor ihn zu treten. Ester setzt ihr Leben aufs Spiel, um für ihr Volk die Judenverfolgung zu verhindern.*

Chorkuppel: *Anbetung der Dreifaltigkeit durch Maria, Heilige und den Abt von Wilten.*

GIESSEREI GRASSMAYR (66) mit dem Glockenmuseum (s. S. 83) in wenigen Minuten. Das Museum zeichnet in anschaulicher Weise den Werdegang „vom Erz zur Glocke" nach. Der Guss einer Glocke wird auch heute noch festlich begangen.

Glockenguss

ROUTE 06

DER BERGISEL
heldenberg und sportarena

ROUTE 06

DAUER
2–3 Std., je nach Intensität der Besichtigung und Zubringer

ROUTE
Über Wilten gelangt man zu Fuß in rund 40 Minuten vom Zentrum zum Bergisel, Alternativen sind der „Sightseer", die Straßenbahn oder das Auto (Parkgebühr).

KONTAKT & EINTRITTE
Bergisel-Stadion
*Bergiselweg 3
Tel. 0512/58 92 59, Fax 0512/58 92 59-30, office@bergisel.info, www.bergisel.info
Nov.–Mai 10–17; Juni–Okt. 9–18 Uhr
Eintritt: 9 €, Kinder (6–14 J.) 4 €, Gruppen ab 20 Pers. 8 €, Innsbruck Card frei*
Museum Tirol Panorama
*Bergisel 1–2, Tel. 0512/594 89-611
Fax 0512/594 89-609, dastirolpanorama@tiroler-landesmuseen.at
Tgl. 9–17 Uhr, Sommer Di u. Do 9–20 Uhr
Eintritt: 7 €, Gruppen/Senioren/Studenten/Kinder (6–14 J.) 4 €, Kombicard mit Hofkirche 6 €, mit Sprungschanze 11 €, alle Tiroler Landesmuseen 10 €, gebührenpflichtiger Parkplatz*
MUSEEN
siehe auch Kap. 03 – Museen, Seite 84

HELDENBERG

Rund um das Gebiet des Bergisel fanden während der Tiroler Freiheitskriege 1809 heftige Gefechte zwischen den mit den Franzosen verbündeten Bayern und den Tiroler Freiheitskämpfern statt (s. S. 15ff).

Das **MUSEUM TIROL PANORAMA (67)** beinhaltet neben dem **RIESENRUNDGEMÄLDE** (auf 1000 m² wird die 3. Bergisel-Schlacht sowie eine topografische Stadtansicht von Innsbruck von Zeno Diemer gezeigt) noch den **SCHAUPLATZ TIROL** (Religion, Natur, Politik und Menschen) und das **KAISERJÄGERMUSEUM** (Militärgeschichte Tirols vom 18. bis zum 20. Jh.). Der transparente Bau fügt sich harmonisch in das historische Ensemble des Bergisels und wurde vom Innsbrucker Architekturbüro Stoll & Wagner erbaut. (s. Museen, S. 84).

Die überlebensgroße **BRONZESTATUE (68)** des europaweit zum Mythos gewordenen Freiheitskämpfers Andreas Hofer wurde 1893 von Heinrich Natter errichtet und aus Spenden der Tiroler Bevölkerung bezahlt. Mit breitkrempigem Hut und der Fahne Tirols steht er auf einem 10 t schweren Porphyrsockel, zwei Adler schlagen zu seinen Füßen ihre Flügel. Auf der Inschrift steht „Für Gott, Kaiser und Vaterland".

Bergisel-Stadion beim
Air & Style-Contest 1998

Anstelle des Andreas-Hofer-Denk-
mals gab es hier in der ersten Hälfte
des 19. Jahrhunderts einen Bieder-
meierpark. 1838 wurden Schießhüt-
ten und 1893 der „Alt-Kaiserjäger-
Club" (Urichhaus) im Heimatstil
errichtet. Dort, wo sich heute die
Sprungschanze befindet, stand ein
sehr beliebtes Ausflugsgasthaus der
Innsbrucker. Weitere Denkmäler im

DAS ATTENTAT 1962

*Bei einem Sprengstoffattentat
1962 (von Unbekannten im Zuge
der Auseinandersetzungen um die
Südtiroler Autonomie verübt) wurde
die Figur oberhalb des Stiefels vom
Sockel gestürzt und lag mit ausge-
strecktem Zeigefinger gen Himmel
weisend am Boden. Für viele Tiroler
war das ein symbolhaftes Zeichen.*

Park: Kaiser Franz Joseph I., Kaiser
Karl, Kreuzkapelle, Obelisken.

SPORTARENA (69)

Vorbei am Urichhaus (ehem. Offiziers-
kasino der Tiroler Kaiserjäger) spaziert
man hinauf zum Eingang des Bergisel-
Stadions. Dort entfaltet sich ein beein-
druckendes Szenario: auf der einen
Seite der majestätische Sprungturm,
auf der anderen Seite der Auslauf mit
den Schalen des Olympischen Feuers
(1964 und 1976). Dazwischen liegen die
Bereiche für die Besucher (Stehplätze:
28 000), die Rundfunk- und Fernseh-
kabinen, die VIP-Lounge sowie die
Konferenzräume im Schanzenturm.
Hinter dem Kiosk führt der Schrägaufzug direkt zum Sprungturm hinauf. Ein
Lift bringt die Besucher dann weiter hinauf zur Aussichtsplattform oder zum
Panorama-Restaurant.

TECHNISCHE DATEN

Turmhöhe: *50 m*
Höchster Punkt: *250 m über der Stadt Innsbruck*
Anlaufspur: *98 m*
K-Punkt: *120 m*
Schanzenrekord: *134,5 m durch Sven Hannawald 2002*

Die neue Bergisel-Sprungschanze wurde 2002 eröffnet und gilt noch immer als die modernste Europas. Erbaut von der international tätigen Architektin Zaha Hadid, wurde sie schon mehrfach ausgezeichnet (u. a. Österreichischer Staatspreis für Architektur 2002). Der Österreichische Schiverband setzte gemeinsam mit der Stadt Innsbruck mit diesem Bau neue Maßstäbe: Die Schanze ist im Winter und Sommer benützbar. Sie lockt als Station der wichtigen Vierschanzen-Tournee alljährlich am 4. Januar viele Gäste und Einheimische an und dient im Sommer den „jungen Adlern" dank ihrer Keramikspur als ideales Traingszentrum. So mancher Besucher hat so schon eine Gratisvorführung bekommen. Der Blick von der Aussichtsplattform und dem Panorama-Restaurant auf die Stadt Innsbruck und das imposante Bergszenario ist atemberaubend.

OLYMPIAWORLD (70)

Mit der generalsanierten Olympiahalle, der Tiroler Wasserkraft Arena, dem für die UEFA EURO 2008™ ausgebauten Tivoli-Stadion, dem Landessportcenter sowie der Olympia-Bob-, -Rodel- und -Skeletonbahn in Igls bietet die Olympiaworld neben Sportveranstaltungen auch Möglichkeiten für Unterhaltung, Incentive- und Großveranstaltungen.

TIPP: Als besondere Attraktion für Wagemutige: **FAHRT DURCH DEN EISKANAL** der Olympia-Bobbahn in Igls zwischen Dezember und Februar; Informationen unter www.olympia-world.at.

ZEITTAFEL SPRUNGSCHANZE

1927 *Erstes Springen auf einer Naturschanze, der Sieger sprang dabei 47,5 m weit*
1933 *Umbau der Schanze, weitester Sprung 74 m*
1949 *Neubau der Schanze*
1953 *Erstes Vierschanzenspringen in Innsbruck*
1964 *Umbau der Schanze anlässlich der ersten Olympischen Spiele*
1976 *Modernisierung der Schanze für die zweiten Olympischen Spiele*
1988 *Papstbesuch: Johannes Paul II. feierte hier eine heilige Messe*
2002 *Eröffnung der neuen Schanze von Zaha Hadid („das neue Wahrzeichen Innsbrucks")*
2008 *„Public Viewing"-Areal der UEFA EURO 2008™, TV-Übertragung auf Riesenleinwand*
2012 *1. Olympische Jugend-Winterspiele in Innsbruck und Seefeld, YOG – Youth Olympic Games von 13.–22. Jänner 2012*

Bergisel-Stadion

KAPITEL 03

MUSEEN IN INNSBRUCK

lernen & staunen

Museum Goldenes Dachl

Altar von Schloss Tirol, Geburt Christi, um 1370, Ferdinandeum

MUSEEN IN INNSBRUCK

Stadt Innsbruck betreibt das Museum im Goldenen Dachl und das Stadtmuseum, seitens der Kirche gibt es das Stiftsmuseum Wilten und die Servitenkunstkammer, der Rest sind private Initiativen.

FERDINANDEUM
Museumstraße 15
Tel. 0512/594 89-9, Fax 594 89-109
sekretariat@tiroler-landesmuseen.at
www.tiroler-landesmuseen.at
Di–So 9–17 Uhr
Okt.–Mai: Montag Ruhetag
Kombiticket für alle Landesmuseen: 10 €/ erm. 7 € – Innsbruck Card: frei

Seit seiner Gründung 1823 versteht sich das Ferdinandeum als „Gedächtnis" des Landes Tirol. In der hervorragenden Fachbibliothek finden sich viele wichtige Zeugnisse und Dokumente Gesamttirols (einschließlich Südtirol und dem Trentino).

Die einzelnen Abteilungen des Ferdinandeums: Vor- und Frühgeschichte und provinzialrömische Sammlung, Kunstgeschichtliche Sammlungen, grafische Sammlung, Musiksammlung, Naturwissenschaftliche Sammlungen.

Schwerpunkte der Kunstgeschichtlichen Sammlungen: Romanische und spätgotische Tafelmalerei und Plastik (Altar von Schloss Tirol, Werke von Michael und Friedrich Pacher, Hans Multscher) – Originalreliefs vom Goldenen Dachl – Skulpturen vom Leopoldsbrunnen – Niederländergalerie (Rembrandt) – Musikraum mit Jakob-Stainer-Instrumenten – Bildnisse aus der Heldenzeit Tirols – Bedeutende Tiroler Maler der frühen Moderne. Durch Wechselausstellungen und Hervorheben von Spezialkunstwerken versucht man, auf die breit gefächerten Schätze des Hauses aufmerksam zu machen.

TIPP: Museumscafé „KUNSTPAUSE"

Innsbrucks Museumslandschaft ist beeindruckend: Österreichweit befindet sich in der Tiroler Landeshauptstadt die größte Anzahl von Museen nach Wien. Neben den Bundesmuseen der Hofburg und dem Kunsthistorischen Museum (KHM) auf Schloss Ambras ist die Tiroler Landesmuseen Betriebsgesellschaft mbH (2007 gegründet) mit dem Ferdinandeum, dem Zeughaus, der Hofkirche, dem Volkskunstmuseum und dem Museum Tirol Panorama am Bergisel die wichtigste Institution. Alle Tiroler Landesmuseen können mit nur einem Ticket besucht werden. Die

MUSEUM IM ZEUGHAUS
Zeughausgasse
Tel. 0512/594 89-311, Fax 594 89-318
zeughaus@tiroler-landesmuseen.at
www.tiroler-landesmuseen.at
Di–So 9–17 Uhr
Kombiticket für alle Landesmuseen: 10 €/
erm. 7 € – Innsbruck Card: frei

TIROLER VOLKSKUNSTMUSEUM
Universitätsstraße 2
Tel. 0512/594 89-510, Fax 594 89-520
volkskunstmuseum@tiroler-landesmuseen.at
www.tiroler-landesmuseen.at
tgl. 9–17 Uhr
Kombiticket für alle Landesmuseen: 10 €/
erm. 7 € – Innsbruck Card: frei

Bedeutender Profanbau des 16. Jahrhunderts, als Zeughaus (Waffendepot) für Kaiser Maximilian I. erbaut, heute ein wichtiges Museum zur Kultur- und Landesgeschichte Tirols mit einer historischen und technischen Sammlung von der Frühzeit bis zur jüngsten Geschichte.

Themenschwerpunkte: Steinreiches Land – Frühe Erzsucher – Macht von Silber und Erz – Religiöse und soziale Wirren nach 1500 – Für Gott, Kaiser und Vaterland – Vier Blicke auf Tirol im 19. Jahrhundert – Schauplatz 20. Jahrhundert – Klangraum

Es finden wechselnde Sonderausstellungen statt. Im Sommer wird der Innenhof als Open-Air-Kino und für Konzerte genutzt.

Schwerpunkte der Sammlungen sind Kunsthandwerk und Kunstgewerbe, Möbel, Volksfrömmigkeit, Fasnacht, Krippen und Festtagstrachten. Einzigartig sind die getäfelten Stuben von der Spätgotik bis ins 19. Jahrhundert. Die Sammlung umfasst die Gebiete von Nord-, Ost- und Südtirol und dem Trentino.

Das Tiroler Volkskunstmuseum wurde 2008/09 umgebaut und neu konzipiert. Ein modern gestalteter Servicebereich (Kassa, Shop, Café) empfängt nun die Besucher, das Haus wurde außerdem behindertengerecht adaptiert (Lift). Ausstellungsbereiche: „Miniaturen des Evangeliums" (Krippen), das „Pralle Jahr", das „Prekäre Leben", „Schein und Sein" (Trachten), die Studiensammlung und die Stuben.

Papierkrippe aus dem Volkskunstmuseum

MUSEEN IN INNSBRUCK

Gitter beim Kenotaph in der Hofkirche

HOFKIRCHE
Universitätsstraße 2
Tel. 0512/594 89-510, Fax 594 89-520
volkskunstmuseum@tiroler-landesmuseen.at
www.hofkirche.at
Mo–Sa 9–17 Uhr, sonn- und feiertags
12.30–18 Uhr
Eintritt: Hausticket 5 €/erm. 4 €, Kombi-
ticket für alle Landesmuseen 10 €/erm. 7 €
– Innsbruck Card: frei

Die Hofkirche ist die Heldenkirche Ti-
rols: Neben dem Grabdenkmal von
Kaiser Maximilian I. beherbergt sie
auch das Grabmal von Andreas Hofer.
International bedeutend ist die Ebert-
Orgel von 1558. In der Hofkirche finden
Orgelwettbewerbe und Konzerte statt.
Das kaiserliche Grabdenkmal besteht
aus einem Trauerzug mit 28 überlebensgroßen Bronzefiguren und dem
Kenotaph (leeres Grab) mit 24 Marmorreliefs, die die wichtigsten Ereignisse
aus dem Leben Maximilians darstellen.
An dem bedeutendsten deutschen
Kaisergrab wurde 82 Jahre gearbeitet
(1502–1584), unter Mitarbeit berühmter Künstler wie Gilg Sesselschreiber,
Albrecht Dürer, Peter Vischer, Alexander Colin (s. S. 41ff).

TIPP: **SILBERNE KAPELLE**
Wandnischengräber von Alexander
Colin für Erzherzog Ferdinand II. und
seine erste Gemahlin Philippine Welser. Die Kapelle wurde 1578–1587 von
Hans und Albrecht Luchese erbaut, sie
ist ein Beispiel der höfischen Renais-
sancekunst unter Erzherzog Ferdinand II. (s. S. 46).

KAISERLICHE HOFBURG

Rennweg 1, Eingang Hofgasse
Tel. 0512/58 71 86-19, Fax 58 71 86-13
Hofburg.ibk@burghauptmannschaft.at
www.hofburg-innsbruck.at
tgl. 9–17 Uhr, Mi 9–19 Uhr (März–Aug.)
Eintritt: 8 €/erm. 6 €, inkl. Audioguide,
Familien am So frei

Mit dem Riesensaal als repräsentativs-
tem Festsaal des Alpenraumes und der
Enfilade der Kaiserappartements, dem
gotischen Wappenturm, der Kapelle
und dem Veranstaltungsbereich (Gotischer Keller und Barockkeller, Foyer) ist
die Hofburg Innsbruck auch heute noch
einer der wichtigsten Repräsentations-
bauten der Republik Österreich.
Generalsanierung der Schauräume
2007–2010. Das neue Museumskon-
zept umfasst Prunkräume aus der
Zeit Maria Theresias (inkl. Riesensaal),
Appartements der Kaiserin Elisabeth,
höfisches Mobiliar des 19. Jh. und eine
Kapelle. Drittwichtigstes historisches
Gebäude Österreichs (nach der Hofburg in Wien und Schloss Schönbrunn).
Im 1. Stock ist zur Zeit das Alpenverein
Museum untergebracht.

ALPENVEREIN MUSEUM

Kaiserliche Hofburg, Rennweg 1,
Eingang Hofgasse, 1. Stock
Tel. 0512/59547-19, Fax -43
Mobil: 0664/8556434
museum@alpenverein.at
www.alpenverein.at
Ganzjährig geöffnet, tgl. 9–17 Uhr,
Mi 9–19 Uhr; letzter Einlass 16.30 Uhr
Österreichischer Museumspreis
Bis Okt. 2014 wird das Museum in den Räu-
men der Hofburg geführt, dann Übersied-
lung. Auskünfte: Österr. Alpenverein, s. S. 112
Eintritt 4 €/3 €, Jugendliche bis 19 frei

Berge, eine unverständliche Leidenschaft – Ausstellung des Alpenverein
Museums in der Hofburg Innsbruck

TIPP: Museumscafé: **CAFÉ SACHER**

KUNSTHISTORISCHES MUSEUM SAMMLUNGEN SCHLOSS AMBRAS

Schloss-Straße 20
Tel. 01/52 524-4802, Fax 52 524-4899
info.ambras@khm.at,
www.khm.at/ambras
tgl. 10–17 Uhr, Aug. 10–18 Uhr, Nov. geschl.
Eintritt: April–Okt. 10 €/7 €
Dez.–März 7 €/5 € Audioguide
barrierefreier Zugang

Schloss Ambras im Südosten oberhalb von Innsbruck zählt zu den bedeutendsten Sehenswürdigkeiten der
Landeshauptstadt. Seine kulturhistorische Bedeutung ist untrennbar mit
der Persönlichkeit Erzherzog Ferdinands II. (1529–1595) verbunden,
der als echter Renaissancefürst die
Künste und Wissenschaften förderte.

Andreas Möller, Maria Theresia, 1727, © KHM

MUSEEN IN INNSBRUCK

Michael Parth,
Ritterheiliger mit
Zügen Maximilians,
um 1515, Museum
Goldenes Dachl

Er begründete die prachtvollen Ambraser Sammlungen, zu deren Unterbringung er im Bereich des Unterschlosses eine nach modernsten Kriterien konzipierte Museumsanlage errichten ließ. Diese umfasst die Rüstkammern und die berühmte Kunst- und Wunderkammer. Der Spanische Saal diente als Festsaal und wird heute als Konzertsaal genutzt, vor allem während der Festwochen der Alten Musik und der Ambraser Schlosskonzerte. Das Hochschloss birgt die Porträtgalerie zur Geschichte Österreichs, die nicht nur Werke berühmter Maler (Terzio, Seisenegger, Cranach, Arcimboldo, Velázquez, Rubens, Mor, Heintz), sondern auch die „Celebrities" des Hauses Habsburg zeigt. Ein „Muss" für jeden Habsburg-Fan und historisch Interessierten. Der Keuchengarten wurde 1997 als Renaissancegarten-Zitat angelegt, während der Landschaftspark aus der Mitte des 19. Jahrhunderts stammt. Angeboten werden museumspädagogische Programme und Kinderführungen, ein Museumsrestaurant und Sonderausstellungen während der Sommermonate.

TIPP: „RENAISSANCEFEST"
15. August – ein Fest für Jung und Alt

MUSEUM GOLDENES DACHL

Herzog-Friedrich-Straße 15
Tel. u. Fax 0512/58 11 11
goldenes.dachl@magibk.at
www.innsbruck.at/goldenesdachl
Mai–Sept. tgl. 10–17 Uhr; Nov. geschl.
Okt.–April Mo geschl., Eintritt: 4 €/2 €
Kombi Stadtmuseum und Stadtturm 7/5 €

In den Räumen des ehemaligen „Neuhofes" wurde 1996 das Museum „Maximilianeum" eingerichtet, eine zentrale Gedenkstätte für den so populären Herrscher. 2007 wurde es um einige Räumlichkeiten mit neuem Konzept erweitert. Eine Hauptattraktion ist der Blick in die Loggia des Goldenen Dachls mit ihren Fresken. Ein spätgotischer Schauraum zeigt einige ausgewählte Originale zur Persönlichkeit Maximilians, die dem Besucher nicht nur den Menschen, sondern auch sein Umfeld näherbringen: Relief Goldenes Dachl (Kopie), Porträts und Bildnisse, Harnisch, Groteskhelm, Werke der Goldschmiedekunst, Münzen etc. In der Erweiterung finden sich die Dokumentation zum Bau des Goldenen Dachls, Dokumente aus der Zeit um 1500 sowie die Statue eines Ritterheiligen mit Zügen Maximilians I. von Michael Parth (um 1515–1520). Museumspädagogische Programme verfügbar.

STADTARCHIV/ STADTMUSEUM INNSBRUCK

Badgasse 2
Tel. 0512/58 73 80, Fax 58 73 80-8
post.stadtarchiv@innsbruck.gv.at
www.innsbruck.at/stadtmuseum
Stadtmuseum: Mo–Fr 9–17 Uhr, Stadtarchiv: Mo–Do 9–12, 13–17, Fr 9–13 Uhr
Eintritt 3 €/2 € – Innsbruck Card: frei;
Kombiticket mit Museum Goldenes Dachl/
Stadtturm: 7 €/5 €

Das Stadtmuseum stellt in seiner Dauerausstellung aus den Beständen des Archivs Aspekte der Stadtgeschichte vor. Einen intensiven Einblick in die Zeitgeschehnisse um und nach dem Zweiten Weltkrieg bietet eine Präsentation über den hauseigenen Datenbeamer. Vertiefende Informationen zu einzelnen Schwerpunkten kann sich der Besucher im Lesesaal des Archivs beschaffen. Gerade die enge Verbindung von Museum und Archiv ist eine Besonderheit dieses Hauses.

GLOCKENMUSEUM & GLOCKENGIESSEREI GRASSMAYR

Leopoldstraße 53
Tel. 0512/594 16, Fax -212
info@grassmayr.at
www.grassmayr.at
Mo–Fr 9–17 Uhr; Mai–Sept. u. Dez.
auch Sa 9–17 Uhr
Eintritt: 7 €/erm. 4,50 € (ab 15 Pers.) –
Innsbruck Card: frei

Glockengießerei seit 1599 im Familienbesitz, wobei die Kombination der Glockengießerei mit dem Museum einzigartig ist. Die Dokumentation „Vom Erz zur Glocke" vollzieht die Herstellung einer Glocke anschaulich nach, mit Klangraum. Österreichischer Museumspreis.

MUSEUM TIROL PANORAMA & KAISERJÄGERMUSEUM AM BERGISEL

Bergisel 1–2, Tel. 0512/594 89-611
Fax 0512/594 89-609, dastirolpanora-
ma@tiroler-landesmuseen.at
Mi–Mo 9–17 Uhr, Sommer Do 9–19 Uhr
Eintritt: 7 €, Gruppen/Senioren/Studenten/
Kinder (6–14 J.) 4 €, Kombicard mit Hofkir-
che 6 €, mit Sprungschanze 11 €, alle Tiroler
Landesmuseen 10 €, gebührenpflichtiger
Parkplatz
Restaurant Tirol Panorama:
Tel. 0512/58 92 59-21, office@bergisel.info,
Station des „Weiler-Parcours": im Restau-
rant ist ein Wandbild Max Weilers aus dem
Jahr 1953 zu sehen: Erzherzog Ferdinand II.
und Philippine Welser auf Schloss Ambras.

TIPP: Führungen im Tirol Panorama u. zu den öffentl. Werken Weilers: www. perpedes-tirol.at, Tel. 0664/4339419

Auf 1000 m² Leinwand wird in realistischer Weise die dritte Bergisel-Schlacht vom 13. August 1809 darge-stellt, in der Andreas Hofer die Tiroler zum Sieg über die Truppen Napoleons und Bayerns führte. Michael Zeno Diemer schuf das Panorama für eine Ausstellung 1896 in nur 8 Monaten. Der berühmte Franz v. Defregger stand ihm beratend zur Seite. Nach einem Brand der ersten Rotunde Übersiedelung an die Kettenbrücke, 2010 Translozierung auf den Bergisel. Topografisch genaue Wiedergabe von Innsbruck um 1800, Darstellung der Schlacht auf 360°. Modernste Restaurierungsmethoden garantieren eine fachgerechte Präsentation. Museumsbau vom Innsbrucker Architekturbüro Stoll & Wagner.

STIFTSMUSEUM WILTEN

Klostergasse 7
Tel. 0512/58 30 48, Fax 58 30 48-22
pforte@stift-wilten.at
www.stift-wilten.at
Pforte und Klosterladen: Mo–Fr 8–12,
14–18, Sa 8–12 Uhr, So u. Feiertage geschl.
Spenden erbeten

Museum Tirol Panorama

eingerichtet wurde. Gezeigt werden persönliche Gegenstände aus dem Besitz der Erzherzogin, die als Anna Juliana in das Regelhaus (Damenstift) eintrat. Außerdem finden sich in der Kunstkammer der Serviten Gemälde und Grafiken sowie Kunstgewerbe aus dem 16. bis 19. Jahrhundert.

TIPP: Sonderführungen durch Per Pedes Stadtführungen®: www.perpe-des-tirol.at, Tel. 0664/4339419

MUSEUM VON ABGÜSSEN UND ORIGINALSAMMLUNG
Institut für Klassische Archäologie an der Universität Innsbruck, Innrain 52, III. Stock
Tel. 0512/507-42 71
Geöffnet nach Vereinbarung
Spenden erbeten

Das Stiftsmuseum präsentiert kostbare Gemälde (gotische Altäre der Stiftskirche), Urkunden und Paramente, Gold- und Silberschmiedearbeiten in den Prunkräumen der Abtei: Jagdzimmer, Norbertisaal, Gartensaal, Vestibül. Hier werden die Kopien der Gründungsurkunde von Innsbruck und des Wiltener Kelchs aufbewahrt (s. S. 69f).

Das Institutsmuseum bietet einen Querschnitt durch die griechische und römische Plastik.

STADTTURM
Herzog-Friedrich Straße 21, s. S. 27
Tel. 0512/58 71 13
city.tower@innsbruck.info
www.innsbruck.info
Eintritt: € 3/erm. € 2,50
Okt./Nov. sowie Jän–Mai 10–18 Uhr
Juni–Sept. sowie Dez. 10–20 Uhr

KUNSTKAMMER DER SERVITEN
Maria-Theresien-Straße 42
Tel. 0512/58 88 83, Fax 58 88 83-44
serviten.innsbruck@chello.at
Geöffnet nach Vereinbarung
Spenden erbeten

LOCALBAHNMUSEUM
der Tiroler MuseumsBahnen
Pater-Reinisch-Weg 4
Stubaitalbahnhof Wilten
Tel. 0664/111 60 01, www.tmb.at
Mai–Okt. nur an Sa 9–17 Uhr
Eintritt: 3 €/1 €

Die Kunstkammer im Servitenkloster ist das geistliche Pendant der Kunstkammer auf Schloss Ambras, die in Erinnerung an die zweite Gemahlin Erzherzog Ferdinands II. und Klostergründerin, Anna Caterina Gonzaga,

Fotos und Fahrzeuge der Lokalbahnen Tirols

TIPP: Fahrt mit einer historischen **STRASSENBAHN** möglich

KAPITEL 04

MODERNE ARCHITEKTUR

*perspektiven
für die zukunft*

Hungerburgbahn

Max Weiler, Gegenwart Innsbrucks, 1954, übertragen 2004, Hauptbahnhof

In Tirol hat sich in den letzten 15 Jahren eine Architekturszene etabliert, die bereits beachtliche Ergebnisse hervorgebracht hat. Nach einer Phase, in der seit 1960 dem Massentourismus gehuldigt wurde und man flächendeckend einem „Pseudo-Alpenstil" frönte, ist es umso erstaunlicher, dass Tirol nun eine Wandlung vollzogen hat, die ihren Niederschlag in qualitätvoller Architektur findet.

Seit 1985 gibt es seitens der Landesregierung eine „offizielle Würdigung des Landes für Neues Bauen". 1993/1994 etablierte sich das „aut" (Architekturforum), das als unabhängige Schnittstelle zwischen Fachwelt, Öffentlichkeit und Politik tätig ist.

Zwei große Wettbewerbe brachten die Diskussion um neues Bauen in alten Stadtgebieten ins Rollen: die Ausschreibung 1985 für die Innsbrucker Rathauserweiterung und jene 1988 für den Neubau der Sozial- & Wirtschaftswissenschaftlichen Fakultät (SoWi).

SOWI – SOZIAL- & WIRTSCHAFTS-WISSENSCHAFTLICHE FAKULTÄT

- Architekten Dieter Henke und Martha Schreieck, 1996–1999
- erstes offenes unverschachteltes Gebäude, ermöglicht optimalen Austausch zwischen den Instituten
- „Transparenz" wurde verwirklicht, überall Blickbezüge auf Stadt, Park und Alpen
- 1999 Bauherrenpreis der Zentralvereinigung der Architekten

RATHAUS /RATHAUSGALERIEN

- Architekt Dominique Perrault, 1996–2002
- Architektur und Kunst finden hier eine Übereinstimmung
- hohes Niveau der Architektur soll durch Kunstwerke noch betont werden
- Zonen für bildende Kunst
- Glasüberdachung des Hofes durch Daniel Buren
- Glasfassade des Turms von Peter Kogler

- Sprachliche Intervention durch Heinz Gappmayr im Plenarsaal
- Screens von Matt Mullican, Eva Schlegel, Walter Obholzer und Ernst Trawöger
- Café-Restaurant „Lichtblick" und Bar „360°", Designhotel „The Penz"

BERGISEL-SPRUNGSCHANZE
- Architektin Zaha Hadid, 2001–2002
- Hybrid aus spezifischer Sportanlage und öffentlicher Funktion (Panorama-Restaurant und Aussichtsplattform)
- Turm mit Turmfuß, „Kopf" und Anlauframpe
- Kombination aus Turm und Brücke (91,60 m lang; 48,35 m hoch)
- zahlreiche internationale Preise
- gilt als „modernes" Wahrzeichen Innsbrucks

HAUPTBAHNHOF & SÜDTIROLER PLATZ
- Architekten Florian Riegler und Roger Riewe, 2001–2004
- der langgezogene Baukörper wirkt wie eine Barriere
- die durch die „Bahnhofskommerzialisierung" benötigten Geschäfte wurden ins Tiefparterre verlegt, ebenso der Zugang zur Tiefgarage
- die 180 m lange Fassade wird durch Kastenfenster gegliedert
- MPreis-Geschäft von Rainer Köberl (2003–2004): In schwarzem Glas gefertigte, spiegelnde Decke, ein weinroter Kunstharzboden und fokussierendes Licht machen daraus eine „glitzernde Höhle des Konsums"

Dominique Perrault, Rathausgalerien, 2002

MODERNE ARCHITEKTUR

Zaha Hadid, Nordkettenbahn, Hungerburg Bergstation, 2007

MODERNE ARCHITEKTUR

ADAMBRÄU SUDHAUS

- Architekten Rainer Köberl, Thomas Giner, Erich Wucherer, Andreas Pfeifer, 2003–2004
- Transformation des zwischen 1926 und 1931 errichteten Sudhauses von Lois Welzenbacher in einen Ort der Vermittlung und Bewahrung von Architektur
- Neben dem AUT ist das Archiv für Baukunst der Universität untergebracht.

SPARKASSENPLATZ

- Architekt Johannes Wiesflecker, Rainer Schmidt, Peter Sandbichler, 2004–2005
- 1994 Wettbewerb für neue Kundenhalle: Platz sollte Raum für urbane Aktivitäten geben

- Visuelle Lichtinstallation in der Passage von Sandbichler
- auf Bepflanzung wurde bewusst verzichtet, stattdessen „Vertikalgarten": bepflanzte Steingabionen (mit Steinen gefüllte Drahtgitterkörbe) bilden begrünte Wand
- ausfahrbares Membrandach für Veranstaltungen

BUCHHANDLUNG HAYMON, vormals WIEDERIN

- Architekt Rainer Köberl, 2004
- „Schau-Fenster" für Bücher
- gesamter Innenraum ist schwarz, keine darüber hinausgehende architektonische Gestaltung
- Bücher werden durch raffinierte Lichtregie zum „Leuchten" gebracht
- Auszeichnung des Landes Tirol

BTV-STADTFORUM
- Architekt Heinz Tesar (Entwurf), Architekt J. Obermoser (General-planer), 2005
- Massivität, Geborgenheit, strukturelle Klarheit, Transparenz
- Außen: klassische Elemente wie Putzflächen, Steinrahmen, Erker mit außen liegendem Glas kommen zum Tragen
- Innen: großzügige Gliederung, Licht und Durchblicke
- Symbiose aus Tradition und Moderne
- „Wohlfühlklima" für Kunden und Mitarbeiter
- Halle (20 m hoch) ist repräsentatives und kommunikatives Zentrum
- Boden: Valser Quarzit
- FO.KU.S. (Foto Kunst Stadtforum): offener Kunstraum

KAUFHAUS TYROL
- Architekt David Chipperfield, 2010
- Hochmoderner, sehr geometrischer Bau
- Innovative Umwelttechnologie (System der Betonkernaktivierung)
- Shopping Mall mit über 50 Geschäften um zentrales Atrium

HUNGERBURGBAHN
- Stationen von Zaha Hadid, 2006–2007
- als Standseilbahn in 7 Min. vom Congress zur Hungerburg
- Anbindung an Seegrube & Hafelekar

TIPP: „Architektour"-Sonderführungen mit Per Pedes Stadtführungen®: www.perpedes-tirol.at, Tel. 0664/4339419

MODERNE ARCHITEKTUR

KAPITEL 05

NATUR IN STADTNÄHE

natur trifft kultur

Alpenzoo

Alpenzoo

NATURERLEBNIS IN STADTNÄHE

NATUR MITTEN IN DER STADT

ALPENZOO

Weiherburggasse 37
Tel. 0512/29 23 23, Fax 29 30 89
office@alpenzoo.at, www.alpenzoo.at
Täglich geöffnet: April–Okt. 9–18 Uhr,
Nov.–März 9–17 Uhr
Eintritt: 9 €/7,50 € Sen. + Stud. (Gruppen-
preis: –10% ab 10 Pers.); Kombiticket Alpen-
zoo: Parken in Congress-/Citygarage + Fahrt
mit Hungerburgbahn + Eintritt Alpenzoo:
Erwachsene 11,50 €, Jugendliche u. Senioren
9,50 €, Kinder 6 € (gültig ab Dez. 14)
Mitnahme von Hunden nicht erlaubt!

Der höchstgelegene Zoo Europas (750 m) ist mit seinen mehr als 2000 Tieren von 150 Arten eine der ganz großen Attraktionen Innsbrucks. Das Besondere an diesem „Themenzoo" ist die Darstellung der alpinen Tierwelt in früherer und heutiger Zeit. Der Alpenzoo bietet eine weltweit einzigartige Sammlung von Tieren des Alpenraumes, die in teilweise begehbaren Gehegen, Großvolieren, Schlangenterrarien und Aquarien artgerecht und nach modernsten Erkenntnissen gehalten werden. Im Schaubauernhof werden alte Nutztierrassen aus dem Alpenraum gezeigt. Internationale Anerkennung genießt der Alpenzoo durch die Nachzucht seltener und gefährdeter Tierarten, u. a. Bartgeier, Waldrapp und Fischotter. Für die Kinder gibt es einen Abenteuerspielplatz mit „Bärenhöhle" und weitere Attraktionen.

TIPP: Ideal für **KINDER**

NORDKETTENBAHN

Höhenstraße 145, Tel. 0512/29 33 44,
info@nordkette.com, www.nordkette.com
Jeweils Mitte April und Anfang Nov. eine
Woche wegen Revision geschlossen
Hungerburgbahn: Mo–Fr 7–19 Uhr/WoE +
Feiert. 8–19.15 Uhr (15-Min.-Takt)
Seegrubenbahn: tgl. 8.30–17.30 Uhr
(15-Min.-Takt)
Hafelekarbahn: tgl. 9–17 Uhr (15-Min.-takt),
letzte Bahn ins Tal: 17 Uhr
Preise: siehe www.nordkette.com/tarife

In kaum einer anderen Stadt erreicht man so schnell die hochalpine Zone wie in Innsbruck. Der neue Slogan der Nordkettenbahn – „In 25 Minuten am Berg" – seit Dezember 2007 Realität durch die neue Bahn, die vom Congress auf die Hungerburg (860 m) und von dort weiter mittels Seilbahn auf die Seegrube (1905 m) und auf das Hafelekar (2256 m) führt. Zaha Hadid zeichnet für die Talstationen und die Bergstation der neuen Bahn auf die Hungerburg verantwortlich. Für die Seilbahn (Panoramagondel) hat man die unter Denkmalschutz stehenden Stationen von Franz Bau-

Blick von der Seegrube auf die umliegende Bergwelt

mann adaptiert. Diese 1927/1928 entstandenen hochalpinen Zweckbauten waren richtungsweisend in der Geschichte der alpinen Architektur.

Ob man in den Bergen wandert oder Schi fährt oder auch nur zum Sonnen die Seegrube aufsucht – immer wieder ist man überwältigt von dem einzigartigen Panorama, das sich hoch oben bietet: die majestätische Bergwelt der Alpen. Abends beeindruckt das Lichtermeer von Innsbruck. Der Nordpark ist das schönste und größte Naherholungsgebiet der Stadt Innsbruck.

ALPENLOUNGE SEEGRUBE
Tel. 0664/88 44 78 17
tgl. 08.30–17.30, Fr. bis 23.30 Uhr,
Küche tgl. 11–16 Uhr, Fr. bis 21.30 Uhr
service@seegrube.info, www.seegrube.info
Come Inn Gastro GmbH: Friday Night Ride & Dine: Reservierung erforderlich unter 0664/88447817. Freitagabend-Öffnung: 18–23.30 Uhr, Seegrubenbahn fährt zu ermäßigten Tarifen bis 23.30 Uhr, Hungerburgbahn jedoch nur bis 19.15 Uhr!
Taxi von der Hungerburg nach Innsbruck: 0512/5311, letzte Fahrt der Linie J von der Hungerburg nach Innsbruck um 23.20 Uhr; danach Nightliner nach Innsbruck um 23.58 Uhr (IVB)

Die neue Alpenlounge Seegrube, ausgezeichnet mit dem „Europa Nostra Preis" 2011, stellt einen Anziehungspunkt für jene dar, die in trendiger Atmosphäre Drinks und Speisen genießen wollen – spektakulärer Blick auf Innsbruck inklusive. Die Alpenlounge hat auch Freitag abends geöffnet – dann können Gäste bei lässiger Musik und lockerer Atmosphäre chillen, sich mit köstlichem Fingerfood stärken oder leger à la carte Essen (ohne Vorreservierung). Das klassische, vornehme Ride & Dine (mit Vorreservierung) gibt es gleichzeitig im Restaurant im Erdgeschoss. Die Seegrubenbahn verkehrt Freitag abends zu vergünstigten Tarifen (15 € Erw.) bis 23.30 Uhr.

WANDERUNGEN IN GANZ TIROL

ADLERWEG
Tel. 0512/598 50-107
www.innsbruck.info, www.adlerweg.tirol.at

Wie die Schwingen des Adlers, so breitet sich der 280 km lange Adlerweg quer durch Tirol aus. Die 31 Teiletappen sind einheitlich beschildert und markiert. Der Adlerweg steht für ein intensives Natur- und Kulturerlebnis und vermittelt neben reinem „Genusswandern" auch Erlebnisse in hochalpinem Gelände. Die Tirol Werbung (www.tirol.at) war maßgeblich an der Vernetzungsidee beteiligt.

WANDERUNGEN IM NORDEN INNSBRUCKS

ALMENWANDERUNG
Gehzeit: 3 Std.

Von der Seegrube über die Boden-steiner Alm zur Höttinger Alm (1,5 Std.), von dort weiter über die Arzler Alm zur Hungerburg (1,5 Std.); ge-mütliche Einkehrmöglichkeiten und herrliche Aussicht.

GOETHEWEG
Gehzeit: hin und zurück bis zur Pfeishütte 4,5 Std.

Von der Bergstation Hafelekar (2256 m) ostwärts auf einem gut ausgebauten Höhenweg über die Mandlscharte (2314 m) bis zur Pfeishütte (1922 m). Von dort mehrere Wahlmöglichkeiten: zur Möslalm (1250 m, 2 Std.) oder zu den Herrenhäusern im Halltal. Das al-pine Gelände setzt entsprechende Er-fahrung voraus.

INNSBRUCKER KLETTERSTEIG
Gehzeit: 6 Std. vom Hafelekar bis zum Langen Sattel und zurück – bis zum Frau-Hitt-Sattel + 1,5 Std.

Voraussetzungen: Schwindelfreiheit, entsprechende Ausrüstung, Trittsi-cherheit und alpine Erfahrung! Hoch-alpines Gelände – Benützung auf ei-gene Gefahr.

WANDERUNGEN AB DER HUNGERBURG

ROSNERWEG
Gehzeit: 2 Std.

Die gemütliche Wanderung führt von der Hungerburg nach Thaur (Richtung Osten). Größtenteils ebene Waldwege, Einkehrmöglichkeit im Gasthof Re-chenhof.

TIPP: **ROMEDIKIRCHL**
Oberhalb von Thaur in der Nähe der Thaurer Burg (Ruine). Hier soll der hei-lige Romed seine Jugend verbracht haben. Kreuzwegstationen von 1870

GRAMARTBODEN – HÖTTINGER BILD – PLANÖTZENHOF (RICHTUNG WESTEN)
Gehzeit: 1,5 Std.

Schöne breite Wanderwege und ein Spielplatz am Gramartboden, Ein-kehrmöglichkeiten im Gasthof Frau Hitt und im Gasthof Planötzenhof (mit alter Glasveranda). Idyllischer

NATURERLEBNIS IN STADTNÄHE

Olympia-Bobbahn Igls

Nordkettenbahn

Wald-Rastplatz rund um das Höttinger Bild (Wallfahrtskirche von 1774).

ALPENPARK KARWENDEL
Tel. 0664/204 10 15 / www.karwendel.org
hermann.sonntag@karwendel.org

Der Alpenpark ist mit 920 km² eine der größten Naturlandschaften Mitteleuropas mit überwiegend alpinem Charakter. Er bietet zahlreiche, unterschiedlich anspruchsvolle Wandermöglichkeiten. Die Infozentren befinden sich in Scharnitz und Hinterriss.

WANDERUNGEN IM SÜDEN INNSBRUCKS

PATSCHERKOFEL
Bilgeristraße 24, 6080 Igls
Tel. 0512/37 72 34, Fax -15
patscherkofel@skisport.com
www.patscherkofelbahnen.at
Panorama-Cafe-Restaurant Bergstation:
Tel. 0512/237 96 95
jasmin.plamauer@skisport.com
OLEX Restaurant, Talstation Olympia-Express: Tel. 0512/37 96 83, 0664/517 27 81

Von Igls gelangt man mit der Seilbahn zum Patscherkofel (2026 m), dem Hausberg der Innsbrucker. Im Sommer lädt er zum familiengerechten Wandern ein, im Winter ist er bei Jung und Alt ein beliebter Schiberg. Ob man sich für die spritzige Olympia-Herrenabfahrtsstrecke oder doch lieber für die Familienabfahrt entscheidet, hängt vom Können des Einzelnen ab.

ALPENGARTEN
www.uibk.ac.at/bot-garden/alpen
Juni–Sept. tgl. 9–17 Uhr

Der zwei Hektar große Alpengarten unterhalb der Bergstation des Patscherkofels ist der höchstgelegene botanische Garten Österreichs. Er wird von der Universität Innsbruck mit einer angeschlossenen Forschungsstelle betrieben. Hier wachsen über 400 verschiedene Pflanzenarten, von denen die meisten unter strengem Naturschutz stehen. Auch Edelweiß und viele Enziansorten findet man hier.

TIPP: Ideal für **KINDER**

NATURERLEBNIS IN STADTNÄHE

Axamer Lizum

ZIRBENWEG
Gehzeit: 5 Std. mit Aufstieg,
2,5 Std. mit Bergbahn
www.patscherkofelbahnen.at
www.glungezerbahn.at

Der fast 7 km lange Zirbenweg führt durch ein Landschaftsschutzgebiet vom Patscherkofel zum Glungezer. Man durchwandert einen jahrhundertealten Zirbenbestand und genießt ein grandioses Bergpanorama. Mit der Glungezerbahn geht es anschließend talwärts nach Tulfes und von dort per Postbus zurück nach Igls. Die beste Wanderzeit für diese Teiletappe des Adlerweges sind die Monate Juli bis Mitte September.

ALPENGASTHOF HEILIGWASSER
Auf 1240 m gelegen, Wanderweg. Wallfahrtskirche 17. Jh., zu Stift Wilten gehörig
Tel. 0512/37 71 71 oder 0664/200 46 67
info@heiligwasser.at, www.heiligwasser.at
tgl. ab 9 Uhr – Ruhetage werden auf der Homepage angekündigt.
Gehzeit: von Igls zum Alpengasthof Heiligwasser: 1 Std. einfach

Die Wallfahrtskirche ist ein gemütliches Ausflugsziel für Familien. Der Alpengasthof (1234 m) bietet Einkehrmöglichkeit auf dem Weg zum Patscherkofel.

MUTTERER ALM
Tel. 0512/548 330
office@muttereralm.at, www.muttereralm.at
Erlebnisrestaurant Mutterer Alm:
Tel. 0512/54 83 30 75 od. 0664/434 97 18
Mi abends bis 22 Uhr für Tourengeher sowie Rodelbahn
Alpengasthof Nockhof (mit Gastgarten, bei Mittelstation): Tel. 0699/81 37 12 64
Spielplatz im Sommer. Neu: Gondelkulinarium: www.gondelkulinarium.at

Die behindertenfreundliche Mutterer Alm (zünftige Zirbenstuben und große Sonnenterrassen) ist im Sommer wie auch im Winter ein Paradies für Familien mit Kindern. Die Bergbahn führt zur Mutterer Alm (1608 m), dem Ausgangspunkt vieler Wanderungen ins Stubaital, wie etwa dem Innsbrucker Almenweg zwischen Kreither Alm und Götzner Alm. Im Winter ist die Region ein ideales Schigebiet, das auch für kleine Kinder bestens geeignet ist.

Der Abenteuerspielplatz „Zauberwasser" bietet viel Spaß mit riesigen Wasserrädern, Teichen, Hängebrücken sowie Barfuß-Wanderwegen und bringt nebenbei den Kindern Themen wie Wasser, Holz, Sand und Stein spielerisch näher.

TIPP: Ideal für **FAMILIEN**

ALPINER RUNDWANDERWEG AXAMER LIZUM
Gehzeit: 75 Min., Anfahrt bis Axamer Lizum möglich

3,5 km langer, leicht begehbarer Rundwanderweg am Fuße der majestätischen Kalkkögel. Schautafeln geben Auskunft über die faszinierende Tier- und Pflanzenwelt der „Nordtiroler Dolomiten". Für Familien, Nordic Walker und gehfreudige Senioren bestens geeignet.

TIPP: KLETTERGARTEN BIRGITZKÖPFL – AXAMER LIZUM
Mit Sessellift oder zu Fuß zum Natur-

freundehaus, geführte Klettertouren (ab 3 Pers.), Leihausrüstung; Anmeldung bis zum Vortag 17 Uhr; Informationen: Tel. 05234/68 100, birgitz-koepflhaus@aon.at, www.wildlife.at

WANDERUNGEN IM STUBAITAL

WANDERWEG TELFER WIESEN
Dauer: 5 Std.

Besonders im Herbst ist diese Wanderung durch die Verfärbung der Lärchen ein intensives Erlebnis! Bestens für die ganze Familie geeignet. Anfahrt bis Telfes mit der Stubaitalbahn, dann Wanderung zurück bis Kreith oder Mutters mit Einkehrmöglichkeit im Stockerhof.

Der Bau der Stubaitalbahn (Eröffnung 1904) und der Igler Bahn (1900) war ein wesentlicher Beitrag zur Entwicklung des Fremdenverkehrs.

TIPP: In Telfes gibt es ein schönes **HEILIGES GRAB,** das in der Osterzeit in der Kirche aufgestellt wird.

Kletterparadies Tirol

NATURERLEBNIS IN STADTNÄHE

KAPITEL 06

AUSFLÜGE

in die nähere umgebung

Swarovski Kristallwelten Wattens

Reliquiensammlung Florian Waldauf

HALL

*Die Fahrt nach Hall (10 km) führt über die Dörfer **M**ühlau, **A**rzl, **R**um, **T**haur, **A**bsam (MARTA-Dörfer), in denen das Brauchtum besonders gepflegt wird (u. a. Weihnachts- und Fasnachtsbräuche). Thaur ist bekannt für seine schönen Bauernhäuser.*

Hall wurde bereits 1303 zur Stadt erhoben – durch das Vorkommen von Salz war die Stadt ein wichtiges Handelszentrum geworden. Die Inn-schifffahrt (nach dem großen Rechen war der Inn schiffbar) war eine weite-re Säule des Wohlstands, 1477 kam noch die Münzprägung dazu. Die Alt-stadt wurde durch die mustergültige Restaurierung ihrer Häuser 1984 mit dem Österreichischen Staatspreis für Denkmalpflege ausgezeichnet. Im historischen Rathaus kann man im Ratssaal (spätgotische Balkendecke) die wichtigsten Ereignisse der Haller Stadtgeschichte in den Fensterlaibun-gen gemalt sehen. Kaiser Maximilian I. besserte das Haller Stadtwappen auf, indem er zur Salzkufe zwei Goldene Löwen verlieh. (Besichtigung einge-schränkt im Rahmen von Stadtfüh-rungen möglich, da Gemeinderats-saal und Standesamt in Funktion.)

Die **PFARRKIRCHE ST. NIKOLAUS** ist ein spätgotischer Bau von 1440, die barocke Innenausstattung samt Fresken stammt von Josef Adam Mölk (1752), der Hochaltar mit Altarbild von Jan Erasmus Quellinus (Rubens-Schüler). Der gotische Palmesel wird bei den Prozessionen am Palmsonn-tag mitgeführt. Die Waldaufkapelle mit prächtigem Gitter zeigt einen Teil der berühmten Reliquiensammlung des Ritters Florian Waldauf. Die Mut-tergottesstatue am barocken Altar der Kapelle stammt aus dem Pacher-Umkreis (15. Jh.).

Der **OBERE STADTPLATZ** mit seinen bunten Hausfassaden, den Erkern und gotischen Portalen sowie den engen krummen Gassen wirkt noch heute sehr mittelalterlich und ist besonders während der Weihnachtszeit als Treffpunkt sehr beliebt. Der Stiftsplatz mit seinen beiden Kirchen, der Jesuitenkirche und der ehemaligen Damenstiftskirche, war das geistige Zentrum von Hall. Gegründet von Erzherzogin

FLORIAN WALDAUF

Der Legende nach stammte Florian Waldauf aus Asch im Osttiroler Pustertal. Nach einem Jugendstreich – er band die Schwänze zweier Kühe zusammen, diese stürzten in Panik in eine Schlucht – rannte er von zu Hause weg und kam bis Sterzing, wo er von einem Wiener Domherrn aufgelesen wurde. Dieser ermöglichte dem Jungen eine gute Schul- und Universitätsbildung. Florian zog mit dem jungen Maximilian I. nach Burgund – zwischen den beiden entstand eine Freundschaft, die darin gipfelte, dass Florian den jungen Herrscher einmal aus Seenot rettete. Dabei machte er ein Gelöbnis, dass er Reliquien sammeln und eine „Heiltumsstiftung" errichten würde, falls sie das Abenteuer lebend überstünden. Als späterer Protonotarius des Kaisers erstand er auf seinen Reisen durch ganz Europa zahlreiche Reliquien, die zu einem kleinen Teil noch erhalten sind. Der Großteil der Sammlung war in der Wolfgangskapelle untergebracht, die beim Einsturz des Pfarrkirchturms 1670 zerstört wurde.

Münzerturm, Burg Hasegg

Magdalena (Statue am Brunnen), erfolgte 1567 die Grundsteinlegung durch den Bruder Erzherzog Ferdinand II. Ein frühes Gymnasium und ein „Kostbubenhaus" (Internat) wurden angegliedert. Heute befindet sich dort eine Herz-Jesu-Basilika (Ewige Anbetung). Die Jesuitenkirche (Allerheiligenkirche) beherbergt die älteste Krippe von Hall aus der Barockzeit und wird als Konzertraum genutzt.

STIFTSGARTEN HALL

Die Stiftsdamen ließen sich 1715 im Stiftsgarten den sogenannten „Stifts- oder Magdalenensaal" erbauen. Diese „Sala terrena" bot den adeligen Damen angenehme „Recreation" und auch vermeintliche Sicherheit während Seuchen und Erdbeben. Dementsprechend richtete man sich bestens ein: Neben Schlafmöglichkeiten gab es eine Kochstelle, Toilettenanlagen sowie für den geistlichen Beistand drei Kapellen. Die illusionistischen Deckenfresken von Kaspar Waldmann im Stiftssaal zeigen in ihrer lebendigen Farbigkeit den Barockmaler am Höhepunkt seines Schaffens. Durch Erbteilungen sind Teile des Gartens heute im Besitz der Stadt Hall.
Führungen auf Vorbestellung über TVB Hall-Wattens, Wallpachg. 5, 6060 Hall, Tel. 05223/455 44, office@regionhall.at

Spaziert man entlang der malerischen Häuser abwärts, so kommt man zum Unteren Stadtplatz und wenig weiter zur **BURG HASEGG.** Das Münzertor mit dem Wappenstein Erzherzog Sigmunds des Münzreichen, der mächtig auskragende Turm sowie der Burghof stammen aus der zweiten Hälfte des 15. Jahrhunderts. Maximilian I. traf hier 1494 erstmals seine zweite Gemahlin Bianca Maria Sforza und feierte das „Beylager". 1515/1517 ließ er die Georgskapelle erbauen, ein typisches Beispiel der Innsbrucker Hofkunst. Das gotische Portal, die gedrehten steinernen Säulen, das Netz-

rippengewölbe mit den zarten Rankenmalereien, die Wappen haltenden Putti sowie das anschließende „Fürstenzimmer" bilden eine harmonische Einheit. Die Kapelle wird gerne für Hochzeitsfeiern genutzt. Der Aufstieg auf den Münzerturm lohnt sich wegen seiner herrlichen Rundsicht. Seit 1567 findet die Münzprägung in der Burg Hasegg statt.

TIPP: In der **„MÜNZE HALL",** einem didaktisch hervorragend gestalteten Museum, kann man die Entwicklung der Münze von den modernen Prägemaschinen über die Spindelpresse (18. Jh.) und die Walzenprägung (16. Jh.) bis hin zur Hammerprägung des 15. Jahrhunderts zurückverfolgen. Tel. 05223/58 55 165, Fax 58 55 166, info@muenze-hall.at, www.muenze-hall.at, Sommer: Di–So 10–17 Uhr; Winter: Di–Sa 10–17 Uhr, letzter Einlass 16 Uhr, geschlossen: 24./25.12., 31.12./1.01., Eintritt: 6 €/ 5 €/ 4 €, Kombi Münze & Turm: 8 €, Innsbruck Card frei

HALLER GULDINER

Hall gilt als die Wiege des Dollar – 1477 wird nach der Verlegung der Münzstätte von Meran nach Hall durch Erzherzog Sigmund eine Münzreform durchgeführt. Der Haller Guldiner – die bedeutendste Silbermünze der Münze Hall – löst 1486 die im Materialwert höheren Münzen ab. Der Haller Guldiner gilt als Vorreiter des heutigen Euro sowie als Namensgeber für den US-Dollar.

Parkhotel Hall

MODERNE ARCHITEKTUR

Schon in den 1930er-Jahren hatte Hall eine architektonische Besonderheit: das „Turmhotel Seeber", das Lois Welzenbacher im Bauhausstil erbaut hatte. Durch die Ungunst der Zeit und das Unverständnis gegenüber moderner Architektur wurde das Haus mehrfach umgestaltet, sodass von der ursprünglichen Architektur nur mehr wenig erhalten blieb. 1999 sollte das Gebäude abgerissen werden, was im letzten Moment noch verhindert werden konnte. Man schrieb einen Wettbewerb aus, der den bestehenden Bau mit einem Neubau verbinden sollte. Die Architekten Dieter Henke und Martha Schreieck gewannen den Wettbewerb und setzten ihre Ideen um, indem sie den ursprünglichen Welzenbacher-Bau in seinen Originalzustand zurückführten und einen schwarzen Glasturm als Pendant errichteten. Die gelungene Lösung des „Parkhotels" zieht heute viele Interessenten der modernen Architektur an.

Gleiches gilt für die Universität für Gesundheitswissenschaften, medizinische Informatik und Technik (UMIT) mit Campushotel (ebenfalls von Henke und Schreieck).

Viele Wander- und Langlaufmöglichkeiten ergeben sich im **GNADENWALD** nördlich von Hall. Eine Mautstraße führt auf die Hinterhornalm, die einen herrlichen Ausblick auf das Inntal bietet.

TIPP: **ALPENHOTEL SPECK-BACHERHOF** mit Kinderspielplatz, Picknickmöglichkeiten und gegenüberliegender Wallfahrtskirche St. Martin im Gnadenwald.
Tel. 05223/52 5 11, info@speckbacherhof.at, www.speckbacherhof.at

Swarovski Kristallwelten Wattens, Kristalldom

SWAROVSKI KRISTALLWELTEN WATTENS

Kristallweltenstraße 1, 6112 Wattens, Tel. 05224/510 80, Fax 510 80-38 31, kristall-welten@swarovski.com, www.swarovski.com/kristallwelten, tgl. 9–18.30 Uhr, letzter Einlass 18 Uhr, am 24.12. bis 14 Uhr, am 31.12. bis 16 Uhr, Eintritt: 11 €/ 9,50 € (Gruppen ab 10 Pers.), Kinder unter 14 Jahren frei, Innsbruck Card frei Vom 5. 10. 2014 bis 30. 4. 2015 sind die Kristallwelten wegen Umbau geschlossen.

In unterirdischen, modernen Kunst-kammern erwartet den Besucher eine fantastische Welt funkelnder Träume. André Heller gestaltete das facetten-reiche Spiel 1995 zum 100. Geburts-tag von Daniel Swarovski; 2007 wur-den die Kristallwelten erweitert.

Das (hinter Schönbrunn) zur zweit-größten Tourismusattraktion Öster-reichs avancierte unterirdische Muse-um bietet neben dem Café auch einen Sammlerbereich und einen großen Swarovski-Shop in visionärem Design.

TIPP: KRISTALLWELTEN SHUTTLE
ab Innsbruck Hauptbahnhof: 9, 11, 13, 15 Uhr
ab Wattens: 11.30, 13.30, 15.30, 17.30 Uhr
Tarife: 8,50 € (hin und retour), Kinder bis 12 Jahre frei; Innsbruck Card frei

TIPP: KIRCHE ST. KARL BORRO-MÄUS IN VOLDERS
Die Kreuzkuppelkirche wurde vom Arzt des Haller Damenstiftes (und Baudilettanten) Dr. Hippolyt Guari-noni ab 1620 erbaut, die spätbarocke Umgestaltung (Fresken, Altäre) ge-schah durch Martin Knoller.

Pfarrkirche Mariä Himmelfahrt, Schwaz

SCHWAZ

Schwaz liegt 30 km östlich von Innsbruck und ist ein lohnender Halbtagesausflug, der sich in Kombination mit einem Besuch von Hall zu einem Tagesausflug verbinden lässt.

Schwaz, die alte Silberstadt, hatte wäh-rend ihrer Blüte um 1500 rund 12.000 Knappen im Bergbau beschäftigt und wurde „die Mutter aller Bergwerke" ge-nannt. Zu dieser Zeit wurden 15.695 kg Silber und 984 t Kupfer gewonnen. Der Bergbau lag in den Händen privater Bergbauunternehmer. Das Schwazer Silber wurde in Hall zu Münzen ver-prägt. Die Pfarrkirche „Unsere Liebe Frau" wurde zwischen 1497 und 1502 von Hans Reichartinger zur größten spätgotischen Hallenkirche Tirols er-weitert. Als Besonderheit war in der Kirche eine strikte Trennung zwischen Bürgern (links) und Knappen (rechts)

Klangspuren Schwaz, Festival für zeit- genössische Musik

JAKOB FUGGER DER REICHE

Jakob Fugger der Reiche (1459– 1525) war der reichste Kaufmann und Bankier Europas. Durch ge- schickte Ausnutzung des Bergregals verschaffte er seiner Firma eine Monopolstellung auf dem europä- ischen Kupfermarkt und legte so den Grundstein für die Weltgeltung und den Reichtum seiner Familie. Als der Fürstbischof von Brixen, Melchior von Seckau, plötzlich starb, wurde es für Jakob Fugger eng: Der Kirchenfürst war mit einer Einlage von 300 000 Gulden stiller Teilha- ber des Fugger-Imperiums. Hätte Fugger die Summe sofort auszahlen müssen, hätte dies den Bankrott der Firma bedeutet. In einer taktischen Meisterleistung spielte er jedoch die Beteiligten gegeneinander aus. Um allen Gerüchten einer Zahlungs- unfähigkeit zu entgehen, täuschte Fugger Zahlungsfähigkeit vor: Er erwarb Landbesitz und ließ sich eine prunkvolle Grabstätte errichten. 1510 war die große Krise bewältigt. Kaiser Maximilian I. und Jakob Fugger verband eine enge, fast freundschaftliche Beziehung. Durch ständige Geldforderungen des Kai- sers wurde Fugger zum Herrn über die Silberminen in Schwaz.

TIPP: Das **SILBERBERGWERK** ist heute als Schaubergwerk zugänglich. Alte Landstraße 3a, 6130 Schwaz, Tel. 05242/72 372, Fax 72 372-4, info@ silberbergwerk.at, www.silberberg- werk.at, 1. Mai–30. Sept. tgl. 9–17 Uhr; 1. Okt.–30. April tgl. 10–16 Uhr (jeweils Beginn der letzten Führung), Mitte Nov.–25.12. geschlossen Eintritt: 16 €/Kinder, Gruppen 14 €

vorgesehen: Es gab zwei gleichrangige Chöre, eine hölzerne Wand trennte die beiden Schiffe voneinander. Weitere Empfehlungen in Schwaz: Franziska- nerkloster, Burg Freundsberg und Pla- netarium (www.planetarium.at).

SCHLOSS TRATZBERG

6135 Stans, Familienstiftung
Tel. 05242/63 56 6, Fax -44, info@schloss-tratzberg.at, www.schloss-tratzberg.at
1. April–31. Okt. 10–16 Uhr, Juli und August 10–17 Uhr (Führungen alle 30 Min.); 3.–30. Nov. Führungen stündlich, im Winter geschl., Besichtigung nur im Rahmen einer Führung (Audio-Führungen) möglich. Eintritt: 13 €/10 € (Gruppe) inkl. Audioguide, Bummelzug 3 € (hin + retour)

Der besondere Reiz von Tratzberg ist einerseits seine Lage hoch über dem Inntal, andererseits aber auch seine vollständig erhaltene Möblierung. Um 1500 von den Gebrüdern Tänzl nach einem Brand wieder errichtet, gab es mehrere Besitzer, bis das Schloss 1848 in das Eigentum der Grafen Enzenberg überging. Ulrich Graf Goess-Enzenberg hat aus dem verträumten Schloss ein modernes, wirtschaftlich geführtes Unternehmen gemacht. Berühmt sind die „Fuggerstube", das „Königinzimmer", die Rüstkammern sowie der „Habsburgersaal", der einen gemalten Stammbaum der Familie von ihren Anfängen bis um 1500 in 148 Porträts zeigt. Er ist eine Hommage der reichen, aber nicht adeligen Gewerkenfamilie Tänzl an Kaiser Maximilian I., der Tratzberg kurze Zeit als Jagdschloss besessen hatte.

TIPP: Dank der Hörführung und des Bummelzugs sind **KINDER** vom Besuch des Schlosses begeistert, zumal das Schlossgespenst Tratzi und die Maus Adele dort allerlei Schabernack treiben. Die Organisation von Kindergeburtstagen ist ebenfalls möglich. Abendveranstaltungen: Rittermenü im „Schlosswirt", mittelalterliches Spektakel und Hörspielführung.

ZITAT MAXIMILIANS I.

Der berühmte Spruch Kaiser Maximilians I., „Ich leb, weiß nit wie lang, und stürb, weiß nit wann, muss fahren, weiß nit wohin, mich wundert, dass ich so fröhlich bin", ist in gotischer Schrift in seiner Schlafkammer zu lesen (außerhalb der allgemein zugänglichen Räumlichkeiten).

Schloss Tratzberg

AUSFLÜGE IN DIE NÄHERE UMGEBUNG

KAPITEL 07

SERVICE

*wissenswertes
von a bis z*

Tiroler Gastfreundschaft

SERVICE

A

ALPENVEREIN
Österreichischer
Alpenverein
Olympiastraße 37
Tel. 0512/595 47
www.alpenverein.at

ALPENVEREIN MUSEUM
tgl. 9–17 Uhr
„Berge, eine unverständliche Leidenschaft" – Son-
derschau, Reservierung &
Führungen: 0512/595 47-19
museum@alpenverein.at
www.alpenverein.at

ALPENZOO
Alpenzoo Innsbruck-Tirol
Weiherburggasse 17
Tel. 0512/29 23 23
tgl. ab 9 Uhr, April–Okt. bis
18 Uhr, Nov.–März bis 17
Uhr. www.alpenzoo.at
Für Kinder geeignet

ANREISE
Mit dem Auto

Von Deutschland: Grenz-
übergang Kiefersfelden/
Kufstein (A12),
Grenzübergang Mitten-
wald/Scharnitz – Richtung
Bundesstraße (B177)
Grenzübergang Füssen
über den Fernpass (B189).

Von Italien: Autobahn A13;
ab Staatsgrenze maut-
pflichtig (Mautstation
Schönberg). Gut ausgebau-
te Bundesstraße B182 vom
Brenner.

*Von Osttirol über das
Pustertal (Italien):* Anschluss
Brennerautobahn A13
nach Innsbruck oder über
den Felbertauerntunnel
– Mittersill – Pass Thurn
– Kitzbühel – Wörgl (A12) –
Innsbruck.

*Von Salzburg über das
Kleine Deutsche Eck (A8):*
Inntaldreieck – A12 nach
Innsbruck oder über Lofer
(B312) – St. Johann i. Tirol –
Wörgl (A12) – Innsbruck

Aus der Schweiz: Grenzübergang St. Margrethen/Bre-
genz – Hohenems – Feld-
kirch (A14) – Arlbergtunnel
(mautpflichtig) – Landeck
(A12) – Innsbruck oder
Grenzübergang Martina –
Pfunds (B315) – Landeck
(A12) – Innsbruck

Achtung: Die Autobahn-
vignette ist in Österreich
auf fast allen Autobahnen
Pflicht! *siehe auch Vignette*

Mit der Bahn
Zugverbindungen u. An-
schlüsse in allen europäi-

schen Hauptstädten.

Auskünfte:
CallCenter ÖBB
Tel. 05 17 17 (aus ganz
Österreich ohne Vorwahl
zum Ortstarif; 0–24 Uhr)
bzw.
Tel. +43/51 717 (aus dem
Ausland).
Fahrpläne: www.oebb.at

Mit dem Bus
Busverbindungen des
öffentlichen Nahverkehrs
zum Busbahnhof am
Hauptbahnhof.

Auskünfte:
Verkehrsverbund Tirol/
Kundencenter
Tel. 0512/561 616 (Mo–Fr
8–12 und 13.30–18 Uhr)
Fahrpläne: www.vvt.at

Mit dem Flugzeug
Direkte Linienflüge von und
nach Innsbruck.
Detailinformationen über
Charterflüge von/nach Inns-
bruck und Flugpläne:
www.innsbruck-airport.com
Mit Linie F ins Zentrum

ANTIQUITÄTEN
Antiquitäten Konzert
Erlerstraße 15
Tel. 0512/58 61 39 u.
0512/58 43 24

Panoramarestaurant Bergisel

Euro-Antik
Kunstmesse,
2 x jährlich,
Tel. 0664/34 22 424

APOTHEKEN
Bahnhof-Apotheke
Südtiroler Platz 5–7
Tel. 0512/58 64 20

Stadt-Apotheke
Herzog-Friedrich-
Straße 25
Tel. 0512/58 93 88

St. Anna Apotheke
Maria-Theresien-Straße 4
Tel. 0512/58 58 47

Zentral-Apotheke
Anichstraße 2a
Tel. 0512/58 23 87

APPLE STORES
McSHARK
MULTIMEDIA AG
Maria Theresien-Str. 38
Tel. 0512/89 07 80
Mo–Fr 10–18/Sa 10–16 Uhr
www.mcshark.at

Mc AG – Meingast und
Achleitner GmbH
Heiliggeistr. 10
Tel. 0512/238 288
Mo–Fr 9–18 Uhr
office@mcag.at
www.mcag.at

AUSKUNFT
Touristinformation
Burggraben 3
Tel. 0512/53 560
www.innsbruck.info
9–18 Uhr; 365 Tage im Jahr
Zimmerreservierung,
Touristinformation,
Ticketservice, Geldwechsel,
Vorverkaufsstelle der
Innsbrucker Verkehrs-
betriebe, Schipässe,
außerdem Buchung von
Tiroler Abenden, Exkur-
sionen und Stadtspazier-
gängen

Hotel-Information
Hauptbahnhof Innsbruck
Tel. 0512/58 37 66
www.innsbruck.info

AUSSTELLUNGEN
aut. architektur und tirol
Lois-Welzenbacher-Platz 1
Tel. 0512/57 15 67, www.
aut.cc
Di–Fr 11–18, Do 11–21, Sa
11–17 Uhr; Feiertage geschl.,
Eintritt frei

FO.KU.S
Foto Kunst Stadtforum –
zeitgenössische Fotokunst
Bank für Tirol und Vorarlberg
Tel. 05 05 333-1417
info@btv-fokus.at
www.btv-fokus.at

Fotoforum
Adolf-Pichler-Platz 8
Tel. 0512/57 22 36
www.fotoforumwest.at
Di–Fr 15–19, Sa 10–13 Uhr

RLB Kunstbrücke
Adamgasse 1–7
Tel. 0512/53 05-135 66
www.rlb-kunstbruecke.at
Mo–Do 8–16, Fr 8–15 Uhr

Tiroler Kunstpavillon
Rennweg 8 a
Tel. 0512/58 11 33
Di–Fr 10–12, 14–18 Uhr,
Sa 11–17 Uhr
(geschl.: 25.12. u. 1.1.)

AUSTRIA GUIDES
www.freizeit-tirol.at
Liste aller selbständigen
Fremdenführer

www.itf-tirol-guides.at
Interessensgemein-
schaft der Tiroler Fremdenführer

www.perpedes-tirol.at
tägliche Stadtspaziergänge,
themenbezogene Spezial-
führungen, Kulturvermitt-
lung, Eventagentur

AUTOFAHRERCLUBS
ARBÖ
Landeszentrum Innsbruck

Wandern im Karwendel ...

SERVICE

Notruf Pannenhilfe: 123
Tel. 0501/23 27 00
www.arboe.at

ÖAMTC
Notruf Pannenhilfe: 120
Tel. 0512/33 200
www.oeamtc.at

AUTOVERMIETUNG
AVIS Autovermietung GesmbH
Salurner Straße 15
Tel. 0512/57 17 54-0
www.avis.at/autovermietung/innsbruck.htm
Filiale Flughafen Innsbruck
Tel. 0512/29 22 80

DENZELDRIVE
Langer Weg 15
Tel. 050105/4150
www.denzeldrive.at

EUROPCAR Mietwagen
Autohaus VOWA,
Haller Straße 165, Stationscode: INNC01
Fürstenweg 180, Stationscode: INNT01
Tel. 0512/20 63 60
www.europcar.co.at

HERTZ Autovermietung
Flughafen Kranebitten
Tel. 0512/58 09 01
www.hertz.at
Mo–Fr 7.30–23, Sa 8–13, So 9–10, 17.30–18 Uhr

B

BANKEN
Bank für Tirol u. Vorarlberg AG (BTV)
Stadtforum Tel. 05 05333

Landes-Hypothekenbank Tirol AG
Meraner Straße 8
Tel. 0512/59 110

Raiffeisen-Zentralkasse Tirol AG
Adamgasse 1-7
Tel. 0512/53 05-0

Tiroler Sparkasse Bankaktiengesellschaft
Sparkassenplatz 1
Tel. 0512/5910

BEHINDERTE
Behindertenbeauftragte der Stadt Innsbruck
Maria-Theresien-Straße 18,
Rathausgalerien
Tel. 0512/53 60-19 12
E-Mail: behindertenbeauftragte@innsbruck.gv.at

Innsbruck ohne Handicap
www.innsbruck.info

Verein selbstbestimmtes Leben Innsbruck
Anton-Eder-Straße 15
Tel. 0512/57 89 89

www.selbstbestimmt-leben.net

BERGBAHNEN
Innsbrucker Nordketten-bahnen BetriebsGmbH
Tel. 0512/29 33 44
www.nordkette.com

Patscherkofelbahn
Tel. 0512/37 72 34
www.patscherkofelbahnen.at

Axamer Lizum
Tel. 05234/68 240
0664/808 89 33 33
www.axamer-lizum.at

Glungezer Sesselbahn
Tel. 05223/78 321 u.
0664/80 88 93 333
www.glungezerbahn.at

Kühtai
Tel. 05239/52 22
www.lifte.at
www.schneegarantie.at

Muttereralm Bergbahnen
Tel. 0512/54 83 30
www.muttereralm.info

BERGISEL
Bergisel Betriebsges.
Tel. 0512/58 92 59-0
Restaurant: 0512/58 92 59-30

... und im Kühtai

office@bergisel.info
Nov.–Mai Mi–Mo 10–17 Uhr,
Di Ruhetag (Einlass bis
16.30 Uhr; letzte Talfahrt
Schrägaufzug 17 Uhr); Juni–
Okt. tgl. 9–18 Uhr (Einlass
bis 17.30 Uhr)
SB Restaurant Tirol Panorama tgl. außer Di 9–17.30 Uhr
Café im Turm: Öffnungszeiten wie Bergisel

BIBLIOTHEKEN UND BÜCHEREIEN

Universitäts- und Landesbibliothek
Innrain 50
www.uibk.ac.at/ub
Mo–Fr 8–16 Uhr

Stadtbücherei Innsbruck
Colingasse 5a
Tel. 0512/56 33 72
www.innsbruck.bvoe.at
Mo 14–19, Di–Fr 10–17 Uhr

Stadtarchiv/-museum Innsbruck
Badgasse 2
Tel. 0512/58 73 80
Mo–Do 9–12, 13–17, Fr 9–13 Uhr

BOBBAHN

Olympiabobbahn Igls
Heiligwasserwiese 1, 6080 Igls
Tel. 0512/37 71 60
www.olympiaworld.at

Bobfahrten für Gäste
Sommer: Do, Fr 16–18 Uhr
Winter: Di 10, Do 19 Uhr
Ticketkauf und Reservierungen: Tel. 0512/33 83 82-21
bobfahrt@olympiaworld.at
ab 12 Jahren, 30 €/Fahrt

BUCHHANDLUNGEN

TYROLIA Buch · Papier
Maria-Theresien-Straße 15
Tel. 0512/22 33-0
www.tyrolia.at

THALIA – Wagner'sche Universitätsbuchhandlung
Museumstraße 4
Tel. 0512/595 05-0
wagnersche@thalia.at
www.wagnersche.at

HAYMON-Buchhandlung
Sparkassenplatz 4
Tel. 0512/57 18 18

BUSBAHNHOF
Der Busbahnhof liegt direkt am Hauptbahnhof. Von hier fahren Regionalbusse in Teile des Ober- und Unterinntals, zum Seefelder Plateau, in das Wipptal, Stubaital und einzelne Linien in das Ötz- und das Zillertal. Der öffentliche Nahverkehr wird von den **Innsbrucker Verkehrsbetrieben IVB** (www.ivb.at), und dem **Verkehrsverbund Tirol**

(www.vvt.at) sowie einigen privaten Gesellschaften organisiert.

siehe auch Anreise mit dem Bus, mit der Bahn

BUSPARKPLATZ

Busterminal am Hofgarten
Einfahrt Kaiserjägerstraße
Tgl. 7–19 Uhr
Tel. 0512/53 56
info@innsbruck.info
Am Parkplatz gibt es einen Kiosk, ein WC & einen kostenlosen Buswaschplatz.
Gebühren pro Bus/Tag:
30 €

CAMPING

Camping Innsbruck-Kranebitten
Kranebitter Allee 214
Tel. 0512/28 41 80
www.campinginnsbruck.com

Campingplatz Judenstein
Judenstein 40
6074 Rinn/Judenstein
Tel. 05223/78 877-14
www.tiscover.at/camping.judenstein

Schispaß für Kinder auf der Mutterer Alm

Ferienparadies Natterer See
Natterer See 1, 6161 Natters
Tel. 0512/54 67 32
www.natterersee.com

CASINO
Casinos Austria AG
Casino Innsbruck
Salurner Straße 15
Tel. 0512/58 70 40-0 u.
0512/58 70 40-66
tgl. ab 15 Uhr (Jackpot
Casino ab 11.00 Uhr), 24.
Dez. geschl.

CHRISTKINDLMÄRKTE
Innsbrucker Bergweihnacht
15. November–6. Jänner
Altstadt/Marktplatz/Maria-
Theresien-Str.: 11–21 Uhr
(Handel bis 20 Uhr)
Hungerburg: 12–19 Uhr
Wiltener Platzl: Mo–Fr
16–20 Uhr, Sa 14–19 Uhr
St. Nikolaus: Di–So 16–21
Uhr

CLUB INNSBRUCK CARD
Die Club Innsbruck Card
wird allen Gästen bei
Übernachtung überreicht
und bietet Ermäßigungen
bei Skipässen, Einzelfahr-
ten uvm.

D

DIPLOMATISCHE VERTRETUNGEN
Belgisches Konsulat
Adamgasse 1–7
Tel. 0512/53 05 12 33

British Consulate
Kaiserjägerstr. 1/1
Tel. 0512/58 83 20

Consulaat der Nederlanden
Salurner Straße 1
Tel. 0512/58 74 92

Französisches Konsulat
Maria-Theresien-Straße 24
Tel. 0512/57 18 11

Honorarkonsul der Bundesrepublik Deutschland
Maria-Theresien-Straße
23/2. Stock
Tel. 0512/57 01 99-13

Italienisches Generalkonsulat
Conradstraße 9
Tel. 0512/58 13 33

Königlich Schwedisches Konsulat
Andreas-Hofer-Straße 43
Tel. 0512/57 18 71

Schweizerische Konsular-agentur
Heiliggeiststraße 16
Tel. 0512/53 70-15 00 u.
0512/53 70-11 00

E

EISLAUFPLÄTZE
Olympiaworld
Olympiastraße 10
Tiroler Wasserkraft Arena
Mi 14–16.20, 20–21.45 Uhr,
Sa 14–16.20, 20–21.45 Uhr,
So 13.30–16.20 Uhr
Außenfläche: Mo–Sa
13.30–16.20 und
20–21.45 Uhr,
So 13.30–16.20 Uhr

Publikumseislauf am Kunsteislaufplatz im Rapoldipark
Tel. 0664/56 68 405
tgl. 10–20 Uhr

Publikumseislauf am Kunsteislaufplatz Hötting West
Tel. 0664/86 53 523
tgl. 10–20 Uhr

Eiszauber am Spar-kassenplatz Publikums-lauf (Nov. –Feb.):
Tel. 0664/81 18 710

SERVICE

Olympia Bob- & Rodelbahn Igls

Mo, Mi, Do, So 10–20 Uhr
Di, Fr 10–17, Sa 10–22 Uhr
Eisdisco Sa 19–22 Uhr

ESSEN & TRINKEN
KLASSISCHE GOURMET-RESTAURANTS

Europastüberl
Brixner Straße 6
Tel. 0512/59 31
info@grandhoteleuropa.at
www.grandhoteleuropa.at
tgl. 11.30–14, 18.30–22 Uhr
Kein Ruhetag

Restaurant Goldener Adler
Herzog-Friedrich-Straße 6
Tel. 0512/57 11 11
goldeneradler@bestwestern.ce.com
www.goldeneradler.com
11.30–14.30, 18–22.30 Uhr

Restaurant Schwarzer Adler
Kaiserjägerstraße 2
Tel. 0512/58 71 09
info@deradler.com
www.deradler.at
tgl. 11.30-14, 18-22.30 Uhr

Landgasthof Wilder Mann
Römerstraße 12, 6072 Lans
Tel. 0512/37 96 96 oder
0512/37 73 87
info@wildermann-lans.at
www.wildermann-lans.at
Mo–So 11–23 Uhr
1 Haube

STYLISCHE GOURMET-RESTAURANTS

Café Bar Restaurant Dengg
Riesengasse 11–13
Tel. 0512/58 23 47
office@dengg.co.at
www.dengg.co.at
Mo–Sa 8.30–24 Uhr,
So + Feiertage geschlossen

Lichtblick
Maria-Theresien-Straße 18
(Rathaus, 7. Stock)
Tel. 0512/566550
office@restaurant-lichtblick.at
www.restaurant-lichtblick.at
Mo–Sa: 10–1 Uhr

Pavillon Restaurant & Café
Rennweg 4
Tel. 0512/25 70 00
office@der-pavillon.at
www.der-pavillon.at
Restaurant: Di–So 11.30–14
Uhr, 17.30–21.30 Uhr warme
Küche, ganztags Snacks

Privilege Dinner Club
Sailergasse 8
Tel. 0512/359016
info@privilege.at
www.privilege.at

Restaurant Bar Sitzwohl
Stadtforum, Gilmstraße
Tel. 0512/56 28 88
info@restaurantsitzwohl.at
www.restaurantsitzwohl.at

Mo–Sa 11–14, 18–22 Uhr, So
+ Feiertage geschlossen

WOODFIRE – Steak & More
Universitätsstr. 5–7,
Hotel Grauer Bär
Tel. 0512/5924757
info@woodfire.at
www.woodfire.at
Di–Sa 11–14 Uhr und 18–24
Uhr /So, Mo Ruhetag

KÜCHE INTERNATIONAL

Die Wilderin
Seilergasse 5
Tel. 0512/562728
info@diewilderin.at
www.diewilderin.at
17–2 Uhr

Sensei – Sushibar
Maria-Theresien-Straße 11
Tel. 0512/56 27 30
office@senseisushibar.at
www.senseisushibar.at
12–14 Uhr, 18–22 Uhr,
Mo–Sa, Feiertags geöffnet,
Gault-Millau-Auszeichnung

Solo Pasta/Solo Vino Spaghetteria
Universitätsstraße 15b
Tel. 0512/58 72 06
info@solopasta.at
www.solopasta.at bzw.
info@solovino.at
www.solovino.at
Di–Sa 10–1 Uhr So, Mo und
Feiertag geschlossen

SERVICE

Mountainbikerennen in der Altstadt

SERVICE

Thai-Li
Adolf Pichler Platz 3/
Rathausgalerien
Tel. 0512/56 78 88
service@thai-li-ba.at
www.thai-li-ba.at
Küche: Mo–Sa und Feierta-
ge 11.30-14.30, 18 –23 Uhr
Mo–Sa 9–24 Uhr

ÖSTERREICHISCHE KÜCHE
Café-Restaurant Sacher
Rennweg 1, Hofburg
Tel. 0512/56 56 26
innsbruck@sacher.com
www.sacher.com
tgl. 8.30–24 Uhr – 1 Haube

Restaurant Ottoburg
Herzog-Friedrich-Straße 1
Tel. 0512/58 43 38
office@ottoburg.at
www.ottoburg.at
tgl. geöffnet

TIROLER KÜCHE
Riese Haymon
Haymongasse 4
Tel. 0512/56 68 00
riese.haymon.marx@
chello.at
www.riese-haymon.at
Di-Sa 10.30–23.30 Uhr, So
10–15 Uhr, Mo Ruhetag

Weißes Rössl
Kiebachgasse 8
Tel. 0512/58 30 57
weisses@roessl.at

www.roessl.at
Mo–Sa 9–15 Uhr, 17–24 Uhr,
So + Feiertag geschlossen/
Terrasse

**Stiftskeller – Augustiner-
bräu**
traditionelles Bierlokal mit
Gastgarten info@stiftskeller.
eu
www.stiftskeller.eu
tgl. 10–24 Uhr

*siehe auch Tiroler Wirts-
häuser, Gasthöfe*

CAFÉS, BARS
360° Bar
www.360-grad.at
siehe unter Lichtblick

**aDLERS Bar im Adlers
Hotel**
Brunecker Str. 1
12. Stock mit Aussicht,
Tel. 0512/563100
office@deradler.com
www.deradler.com
Mo–Sa 12–14, 18–23.30 Uhr,
So 9–14.30 Uhr Panorama-
Brunch

**Café Central –
„Altwiener Cafe" seit 1877**
Gilmstraße 5
Tel. 0512/59 20
office@central.co.at
www.central.co.at
7–22 Uhr

Café Katzung
Toplage Altstadt
Herzog-Friedrich-Straße 16
Tel. 0512/58 61 83
office@dengg.co.at
www.dengg.co.at
Mo–Sa 8–24 Uhr, So +
Feiertage 9–24 Uhr

**Café Konditorei Munding –
Tirols ältestes Konditorei-
Café (seit 1803)**
Kiebachgasse 16
Tel. 0512/58 41 18
mail@munding.at
www.munding.at
tgl. 8–20 Uhr
hauseigene Konditorei

**Café & Strudel Kröll –
best Strudel in Town!**
Hofgasse 6
Tel. 0512/57 43 47
kroell@strudel-cafe.at
www.strudel-cafe.at
tgl. 6–21 Uhr

**Wolke 7 – Terrassen
Restaurant Hungerburg**
Tel. 0512/27 36 17
pforte@wolke7-ibk.at
www.wolke7-ibk.at
tgl. 11–19 Uhr
Sonnenterrasse

Piano Café-Bar
Herzog-Friedrich-Straße 5
Tel. 0512/57 10 10
seiler.heinz@aon.at

Die Fußball-EM – 2008 live im Tivoli-Stadion

www.cafepiano.at
Mo–Sa 10–1 Uhr, So geschl.

IN-SZENE

Café-Restaurant Hofgarten– Events & Partys/ Wintersperre
Rennweg 6a,
Tel. 0512/58 88 71
office@der-hofgarten.at
www.der-hofgarten.at
Di/Fr/Sa 19–4 Uhr, Sommer wechselnde Mittagsmenüs 11.30–14 Uhr

VAZ Hafen Innsbruck
Jugend-Veranstaltungs-zentrum, Flohmarkt jeden Samstag von 6–14 Uhr
Innrain 149
Tel. 0512/56 22 22
office@hafen.cc
www.hafen.cc

Treibhaus
Angerzellgasse 8
Tel. 0512/572000
office@treibhaus.at
www.treibhaus.at
Café und Restaurant, tgl. 10–24 Uhr, So + Feiert. 16–24 Uhr

Die Bäckerei – Kulturback-stube
Plattform für kulturellen und sozialen Austausch
Dreiheiligenstr. 21 a
Tel. 0680/2472260

kultur@diebaeckerei.at
www.diebaeckerei.at
Mo–Fr 10–13 Uhr, Mo/Di/Do 14–17 Uhr

GASTGÄRTEN

schließen in der Altstadt von Innsbruck im Sommer um 22.30 Uhr

Café Bar Kapuziner
mit eigenem Bier, Gast-garten
Kaiserjägerstraße 4a
Tel. 0512/58 58 10
kapuziner@aon.at
9–1 Uhr, Sa 18.30–1 Uhr, vis-à-vis SOWI-Campus

Glasmalerei
Müllerstraße 10
Tel. 0512/57 05 75
Mo–Fr 10–1 Uhr, Sa 18–1 Uhr, So u. Feiertage geschl.

Café-Restaurant Hofgarten
siehe auch In-Szene

Fischerhäusl
Bar, Restaurant, Biergarten
Herrengasse 8
Tel. 0512/583535
info@fischerhaeusl.com
www.fischerhaeusl.com
Mo–Sa 10–1 Uhr

Stiftskeller – Augustiner Bräu
siehe auch Gasthöfe

EVENTS
AIR & STYLE

Air & Style Company
Neuhauserstraße 10,
Andrew Hourmont
Tel. 0512/56 04 24
www.air-style.com

GOLDEN ROOF CHALLENGE

Stabhoch- & Weitsprung Weltklasse unter dem Goldenen Dachl
Dipl. Trainer Armin Mar-greiter
Perlachweg 525,
6073 Sistrans
Tel. 0512/37 60 21
0664/39 37 131
www.goldenroofchallenge.at

FAHRRADVERLEIH
INNTOUR sport & touristic services
Leopoldstraße 4
Tel. 0512/58 17 42-17 u.
0699/10 12 87 30
www.inntour.at

Fahrrad-Verleih:
Mitte Juni–Mitte Sept. tgl.;
Mitte Sept.–Mitte Juni
Mo–Sa

SERVICE

Weihnachtlich beleuchtete Innenstadt

FEIERTAGE
1. Januar: Neujahrstag
6. Januar: Hl. Drei Könige
Ostersonn-, -montag
1. Mai : Staatsfeiertag
Christi Himmelfahrt
Pfingsten, Pfingstmontag
Fronleichnam
15. August: Mariä Himmel-
fahrt
26. Oktober: Nationalfei-
ertag
1. November: Allerheiligen
8. Dezember: Mariä Emp-
fängnis
24. Dezember: Heiliger
Abend
25. Dezember: Christtag
26. Dezember: Stefanitag

FESTIVALS
(alljährlich)
Osterfestival
Tirol:Karwoche, Ostertage
www.osterfestival.at

**Int. Film Festival Inns-
bruck**
Anfang Juni
www.iffi.at

Tanzsommer
Mitte Juni–Mitte Juli
www.tanzsommer.at

Promenadenkonzerte
2. Hälfte Juli
www.promenadenkonzer-
te.at

New Orleans Festival
Ende Juli
www.innsbruckmarketing.at

**Hoffest Kaiser Maximi-
lian I.**
jeweils Do im August vor
dem Goldenen Dachl, 70
Akteure in historischen
Kostümen
www.perpedes-tirol.at

**Festwochen der Alten
Musik**
August
www.altemusik.at

Festival der Träume
August
www.festival-der-traeume.
at

Premierentage
November
www.premierentage.at

FITNESSCENTER
ALFA Sports & Spa
Medicent, Innrain 143
Tel. 0512/56 04 04

Aktiv Club Happy Fitness
Mitterweg 21
Tel. 0512/28 38 33

FLOHMÄRKTE
Flohmarkt VAZ Hafen
Innsbruck

Sa 7–13 Uhr
Angeboten werden von
privaten und professionel-
len Händlern vorwiegend
Gebrauchtwaren, aber
auch sammelwürdige, alte
Sachen.

Floh- und Trödlermarkt
Franziskanerplatz
Sa 9–13 Uhr

FLUGHAFEN
**Tiroler Flughafenbetriebs-
gesellschaft**
Fürstenweg 180
Tel. 0512/22 52 50
www.innsbruck-airport.com

FRISEURE
Friseur Hofer
Erlerstraße 10
Mo–Fr 9–18, Sa 8–14 Uhr
Tel. 0512/58 30 20

Hairstyling by Peter Pfister
Maria-Theresien-Straße 18
Mo–Fr 9–19 Uhr, Sa 9–17
Uhr
Tel. 0512/58 11 99 oder
0512/58 11 58
www.copf.at

FUNDBÜRO
Fallmerayerstraße 2
Tel. 0512/53 60-10 10
Fundbüro: Mo–Fr 8–13 Uhr

Innsbrucker Bergsilvester

Fundabgabe (keine Fund-
abholung) und Verlust-
anzeige auch im Bürger-
service (Rathausgalerien)
mögl.: Mo–Do 13–17.30 Uhr

FUNPARK/
THEMENPARK
Abenteuerberg
Muttereralm
Muttereralm
Bergbahnen
Nockhofweg 40
6162 Mutters
Tel. 0512/54 83 30
www.muttereralm.info

Mountainbike Fun-Par-
cours
Nordkettenbahnen
Höhenstraße 145
Tel. 0523/29 33 44
www.nordpark.com

Skateranlagen
Rapoldipark/Innpromena-
de/Hötting West
Sportamt der Stadt Inns-
bruck
Maria-Theresien-Straße 18
Tel. 0512/53 60-71 50

Skyline Snowboard Park
Nordkettenbahnen
Tel. 0512/29 33 44
www.nordpark.at

GALERIEN
Galerie im Andechshof
Innrain 1
Tel. 0512/53 60-15 64
Di–Fr 15–19, Sa 10–13; Mo,
So u. Feiertage geschl.

Galerie im Taxispalais
Maria-Theresien-Straße 45
Tel. 0512/508-31 70
www.galerieimtaxispalais.at
Di–So 11–18, Do 11–20 Uhr

Galerie Maier
im Palais Trapp
Maria-Theresien-Straße 38
Tel. 0512/58 08 29
www.galerie-maier.at
Di–Fr 10–13 u. 15–18 Uhr

Galerie Elisabeth & Klaus
Thoman GmbH
Maria-Theresien-Straße 34
Tel. 0512/57 57 85
www.galeriethoman.at

Neue Galerie
in der Hofburg
Rennweg 1, Großes Tor
Hofburg, Tel. 0512/57 81 54
neuegalerie@kuenstler-
schaft.at, www.kuenstler-
schaft.at
Di–Fr 10–12/14–18 Uhr
Sa 11–17 Uhr

Kunstpavillon
Rennweg 8a
Tel. 0512/58 11 33, pavil-
lon@kuenstlerschaft.at
www.kuenstlerschaft.at
Di–Fr 10–12/14–18 Uhr
Sa 11–17 Uhr

Kunstraum Innsbruck
Maria-Theresien-Straße 34
Arkadenhof
Tel. 0512/58 40 00
www.kunstraum-innsbruck.at
Di–Fr 11–18 Uhr, Sa 11–16
Uhr, So u. Mo geschl.
Eintritt frei

GASTHÖFE
Gasthof Kranebitterhof
Kranebitter Allee 203
Tel. 0512/28 19 58
info@kranebitterhof.at
www.kranebitterhof.at
tgl. 6.30–23 Uhr

Planötzenhof
Gasthaus mit Erlebnis-
bauernhof, Gastgarten,
Aussicht!
Planötzenhofstraße 30
Tel. 0512/27 40 17
gasthaus@planoetzenhof.at
www.planoetzenhof.at
Di/Mi/Fr/Sa 11.30–21 Uhr,
So 11.30–20 Uhr, Mo + Do
Ruhetag

Stiftskeller –
Augustiner Bräu
Stiftgasse 1

SERVICE

Olympiaworld Innsbruck

Tel. 0512/570706
info@stiftskeller.eu
www.stiftskeller.eu
Tgl. 10–24 Uhr
mit großem Gastgarten

GÄRTEN

Botanischer Garten
Außenstelle Alpengarten
Sternwartestraße 15
Tel. 0512/507-59 10
www.uibk.ac.at/bot-garden

**Hofgarten und
Schlosspark Ambras**
Bundesgärten
Wien-Innsbruck
Kaiserjägerstr. 1b
Tel. 0512/58 48 03
office@bundesgaerten.at
www.bundesgaerten.at

GELD
*siehe auch Banken und
Währung*

GOLF

**Golfclub Innsbruck-
Igls, Lans**
Sparbereggweg 223
6072 Lans
Tel. 0512/37 88 16
www.golfclub-innsbruck-
igls.at

Olympia Golf Igls
Badhausgasse 60b
6080 Igls

Tel. 0512/37 91 50
www.olympia-golf.at

Golfplatz Rinn
Oberdorf 11
6074 Rinn
Tel. 05223/78 177
www.golfclub-innsbruck-
igls.at

GOTTESDIENSTE

Diözese Innsbruck
Riedgasse 11
Tel. 0512/2230-0
www.dioezese-innsbruck.at

**Gottesdienste im Dom zu
St. Jakob**
So und Feiertage: Hl. Messe
10, 11.30 Uhr
Werktage: Hl. Messe 8 Uhr
Rosenkranz 8.55 Uhr, Hl.
Messe 9.30 Uhr

Jesuitenkirche Innsbruck
www.jesuitenkirche-
innsbruck.at
So 11 Uhr (Universitätspre-
digt), 18, 21.30 Uhr
Mo–Fr 7.30, 19 Uhr
Sa 18 Uhr (Messe in
Englisch), Vorabendmesse
19 Uhr

Evangelisches Pfarramt
Richard-Wagner-Straße 4
Tel. 0512/58 84 71

HALLENBÄDER UND
SAUNEN

Hallenbad Amraser Straße
Amraser Straße 3
Tel. 0512/502-70 51
Mo–Di 9–21, Do 8–21,
Fr 9–21, Sa 9–20,
So 10–20 Uhr

Hallenbad Höttinger Au
Fürstenweg 12
Tel. 0512/502-70 71
Mo–Di 9–22, Do 9–21,
Fr 8–21, Sa 9–21,
So 10–20 Uhr

HOTELS ***

Hotel Zach
Willhelm-Greil-Straße 11
Tel. 0512/58 96 67
www.hotel-zach.at

Kranebitterhof
Kranebitter Allee 203
Tel. 0512/28 19 58
www.kranebitterhof.at

HOTELS ****

**Austria Trend Hotel
Congress Innsbruck**
Rennweg 12a
Tel. 0512/21 15
www.austria-trend.at

SERVICE

Golfplatz in Igls

Hotel Goldener Adler
Herzog-Friedrich-Straße 6
Tel. 0512/57 11 11
www.bestwestern.at

Hotel Grauer Bär
Universitätsstraße 5
Tel. 0512/59 240
www.innsbruck-hotels.at

Romantikhotel Schwarzer Adler (4* Superior)
Kaiserjägerstraße 2
Tel. 0512/58 71 09
www.deradler.com

HOTELS *****
Grand Hotel Europa
Südtiroler Platz 2
Tel. 0512/59 31 102
www.grandhoteleuropa.at

Weitere Hotels bei:
Innsbruck-Information/
Innsbruck Tourismus
Burggraben 3
Tel. 0512/56 20 00
hotel@innsbruck.info

DESIGNHOTELS
The Penz Hotel
Adolf-Pichler-Platz 3
Tel. 0512/57 56 57
www.the-penz.com

Hotel Adlers
Brunecker Str. 1
Tel. 0512/587109

info@deradler.com
www.deradler.com

I

INNSBRUCK CARD
All-inclusive-Preise
24 Std. 34 €
48 Std. 41 €
72 Std. 47 €
Kinderermäßigung (6–15 Jahre) 50 %
Erhältlich bei:
Innsbruck Information
Burggraben 3
Tel. 0512/53 56
info@innsbruck.info
www.innsbruck.info

INTERNETCAFÉ
CALL on me
Innrain 20
Tel. 0512/57 05 74
Mo–Sa 9–21, So 11–21 Uhr

Internetcafé Moderne
Maria-Theresien-Straße 16
Tel. 0512/58 48 48
Mo–Do 10–24,
Fr–Sa 10–1 Uhr

TT-Kundenservice
Rathausgalerie
Mo–Fr 9–19 Uhr,
Sa 9–17 Uhr

IVB
Innsbrucker Verkehrsbetriebe und Stubaitalbahn GmbH
Pastorstraße 5
Kundencenter
Stainerstraße 2
Tel. 0512/53 07-500
www.ivb.at

J

JUGENDUNTERKÜNFTE
Jugendherberge Innsbruck
Reichenauer Straße 147
Tel. 0512/34 61 79
www.youth-hostel-innsbruck.at

Glockenhaus
Weiherburggasse 3,
Tel. 0512/28 65 15
www.hostelnikolaus.at

K

KINDERANIMATION
Kinderprogramme Natterer See und Igls
Mai–Okt. Mo–Fr mit Outdoor-Aktivitäten (Abenteuerspiele, Turniere, Baden, Zaubershows …)

SERVICE

Krampusse

Ferienparadies Natterer
See
Tel. 0512/54 67 32
Tourismusbüro Igls
Tel. 0512/37 71 01

**Alpenzoo mit Abenteuer-
spielplatz**
siehe Alpenzoo

**Murmel Abenteuer-
Spielplatz**
6182 Gries im Sellrain
Tel. 05236/224
www.abenteuerspielplatz.at

Ponyreiten
Postkutscherhof Axams
Juni–Sept., Do 16–18 Uhr,
Anmeldung erforderlich:
Tourismusbüro Axams
Tel. 05234/68 178

KINDERBETREUUNG
Kinder & Co
Familieninfo Tirol
Museumstraße 38/Sillpark
Tel. 0512/56 74 68
www.kindundco.at
Mo–Mi, Fr 9–19, Do 9–20,
Sa 8.30–17 Uhr

KINDERSPIELPLÄTZE
Alpenzoo, Hofgarten, Gra-
martboden (Hungerburg),
Grüner Boden (Allerheili-
gen), Rapoldipark, Schloss
Ambras, Streichelzoo (Am-

ras/DEZ), Tummelplatz
Tel. 0512/59 850
www.innsbruck.info

KINDER-
VERANSTALTUNGEN
Buntes Puppenkarussell
Julia Schumacher-Fritz
Tel. 0512/27 64 59
www.buntes-puppenkarus-
sell.at

Jugendland Innsbruck
Tel. 0512/26 34 11
www.jugendland.at

**Veranstaltungszentrum
Krakadau**
Tel. 0512/58 03 20-24
www.tirol.kinderfreunde.at

KIRCHEN
siehe Gottesdienste

KINO
Cinematograph
Museumstraße 31
Tel. 0512/57 85 00
www.cinematograph.at

Cineplexx World
Tschamlerstraße 7
Tel. 0512/58 14 57
www.cineplexx.at

Freiluftkino Zeughaus
jeweils im Sommer
Programm: www.leokino.at

Leo Kino
Anichstraße 36
Tel. 0512/56 04 70
www.leokino.at

Metropol Kino
Innstraße 5
Tel. 0512/28 33 10
www.metropol-kino.at

KLETTERN
Alpine Auskunft
Maria-Theresien-Straße 55
Tel. 0512/53 20-256
www.alpine-auskunft.at

AlpinSchule Innsbruck
In der Stille 1
6161 Natters
Tel. 0512/54 60 00
www.asi.at

KLINIK/
KRANKENHÄUSER
**Universitätskliniken
– Landeskrankenhaus
Innsbruck**
In medizinischen Notfällen
oder Unfällen ist das
Landeskrankenhaus Inns-
bruck der beste Ansprech-
partner. Es ist 24 Stunden
geöffnet und hat Abteilun-
gen in allen Sparten der
Fachmedizin.
Tel. 0512/5040
www.tilak.at

SERVICE

Snowboard-Halfpipe im Nordpark

Congress Innsbruck
Rennweg 3, Tel. 0512/
59 360, www.congress-
innsbruck.at

Congresspark Igls
Eugenpromenade 2
Tel. 0512/37 73 64
www.congress-innsbruck.at

L

LANGLAUFEN
Der Langlaufbus ist für
Gäste in Innsbruck und
seinen Feriendörfern mit der
Club Innsbruck Card gratis.
Gruppen Sonderfahrten ab
35 Personen; Gruppen un-
bedingt am Vortag bis 18 Uhr
anmelden. Tel. 0699/16 24
55 28, www.innsbruck.info

LITERATUR
Literaturhaus am Inn
Josef-Hirn-Straße 5/10.
Stock, Tel. 0512/507-4514
www.uibk.ac.at/literaturhaus

M

MARKT
**Bauernmarkt
Franziskanerplatz**
Do 9–13.30 Uhr

**Bauernmarkt-Tage am
Sparkassenplatz**
Fr 9–14 Uhr

**Bauernmarkt
St. Nikolaus**
Brunnenplatzl
Sa 8.30–11 Uhr

**Bauernmarkt
Wiltener Platzl**
Sa 7.30–12 Uhr

MARKTHALLE
Innsbrucker Markthallen
Herzog-Siegmund-Ufer 1–3
Tel. 0512/584837-0
office@markthalle-inns-
bruck.at
www.markthalle-innsbruck.at

MEDIEN
PRINTMEDIEN
**Eco.nova – Das andere
Wirtschaftsmagazin**
Hunoldstr. 20, Tel. 0512/
290088
office@econova.at
www.econova.at

Innsbruck informiert
Fallmerayerstr. 2/1
Tel. 0512/57 24 66
redaktion@innsbruckinfor-
miert.at

Tirolerin – Die Illustrierte
Industriezone C6, Fulpmes

Tel. 05225/639 21
office@tirolerin.at
www.tirolerin.at

Tiroler Krone
Schusterbergweg 86
Tel. 0512/26 55 88
www.krone.at

Tiroler Tageszeitung
New Media Online GmbH
Ing.-Etzel-Str. 30
Tel. 05 04 03
www.tt.com

Stadtblatt
www.tbb.at

6020 Stadtmagazin
Brunecker Str. 3
Tel. 0512/58 60 20-2801
office@target-group.at
www.target-group.at

**Welcome, Tourismus-
magazin für Innsbruck**
2 x jährlich; hrg. von
eco.nova Verlags GmbH,
Hunoldstr. 20,
Tel. 0512/290088-0
office@econova.at
mit vielen nützlichen Hin-
weisen: d/e und i/ru
in allen 4–5*-Hotels und
Tourismusverbänden

RUNDFUNK & FERNSEHEN
ORF Landesstudio Tirol
Rennweg 14, www.orf.at

Blick vom Patscherkofel auf Innsbruck

MEHRWERTSTEUER
Mehrwertsteuersatz
(Normalsatz): 20 %

MESSE
Messe Innsbruck
Falkstraße 2–4
Tel. 0512/53 830
www.congress-innsbruck.at

MINIGOLF
Freizeitanlage Baggersee
Tel. 0512/34 87 78

Minigolfplatz Hungerburg
Gramartstraße
Tel. 0512/28 62 48

MOUNTAINBIKE
Insgesamt 115 km Moun-
tainbikerouten im Bereich
Nordkette, Patscherkofel,
Kematen, Rangger Köpfl
und Mutterer Alm sowie
350 km Radwege durch das
Inntal. Biker-Fun-Parcours
und Trial-Strecke für
Extrem-Biker am Nordpark-
Seegrube (Radtransport
mit Nordkettenbahn mög-
lich). Details in Prospekt
Bike & Fun (Innsbruck Tourismus) oder im örtlichen
Tourismusbüro. www.tirol.
gv.at/mountainbike

MUSEEN
siehe Kapitel 03

N

NOTDIENSTE
Feuerwehr: 122
Polizei: 133
Rettung: 144
Euro-Notruf: 112
Bergrettung Tirol: 140
ÖAMTC-Notruf: 120
Der Euro-Notruf (Handy-
Notruf) 112 ist kostenlos,
man wird mit der nächst-
gelegenen Notrufzentrale
verbunden. Funktioniert
auch dann, wenn keine
SIM-Karte im Handy ist oder
das Handy kein Guthaben
mehr hat.

**Innsbruck Tyrol
Air Ambulance**
Flugrettung
Tel. 0512/22 422
www.taa.at

**Freiwillige Rettung
Innsbruck**
Tel. 0512/33 44 40
www.roteskreuz-innsbruck.at

ÖAMTC
Pannenhilfe, Abschlepp-
dienst, Andechsstr. 81
Tel. 0512/33200
tirol@oeamtc.at
Mo–Fr 8–18 Uhr, Sa 9–13
Uhr, Technischer Dienst:
Mo–Fr 7.30–17.30 Uhr

O

ÖFFENTLICHE
VERKEHRSMITTEL
siehe auch Anreise und IVB

ÖFFNUNGSZEITEN
Banken
Mo–Fr 8–12.30, 13.30–15
Uhr, Do bis 17.30 Uhr

Restaurants
11–15, 18–24 Uhr

Geschäfte
Mo–Fr 9–18, Sa 9–13/17 Uhr

Cafés
7.30–20 Uhr

Postämter
Mo–Fr 9–18 Uhr

OLYMPIAWORLD
Olympia Sport- und
Veranstaltungszentrum
Innsbruck GmbH
Olympiastraße 10
Tel. 0512/33 83 80
office@olympiaworld.at
www.olympiaworld .at

OUTDOOR-AKTIVITÄTEN
Angeln und Fischen
Albert Held
Burggraben 25–27
Tel. 0512/58 63 27
www.held-innsbruck.at

SERVICE

Festlich beleuchtete Stadt

Bergsteigen
Alpine Auskunft
Maria-Theresien-Straße 55
Tel. 0512/53 20-256
www.alpine-auskunft.at

AlpinSchule Innsbruck
In der Stille 1
6161 Natters
Tel. 0512/54 60 00
www.asi.at

Floßfahrt/Klettern/ Hochseilgarten/ Wasseraktivitäten/ Canyoning/Rafting
Tel. 05266/8767676
info@area47.at
www.area47.at

Hochseilgarten
Gschnalsgasse 3
6166 Fulpmes im Stubai
Tel. 0664/86 449 44
www.outdoorprofi.at

Mountainbiking
www.tirol.gv.at/mountain-bike
siehe auch Mountainbike

Paragleiten
Flugschule Parafly
Stubaital GmbH
Moos 18
6167 Neustift im Stubaital
Tel. 05226/33 44
www.parafly.at

Tandemflüge
Mountain Fly
Oberellbögen 66b
6082 Ellbögen
Tel. 0664/28 28 968
www.mountainfly.at

Radfahren
Routenvorschläge: www.tirol.gv.at/themen/sport/radfahren/radwandern/

Die Bike-Börse
Leopoldstraße 4
Tel. 0512/58 17 42
www.dieboerse.at
Geführte Bike-Touren

Rafting und Canonying
Birgitzköpflhaus
6091 Birgitz
Tel. 05234/68 100
www.wildlife.at

Reiten
Reitclub Innsbruck-Igls
Langer Weg 43
Tel. 0512/34 71 74
www.reitclub-innsbruck.com

Rodeln
siehe auch Rodelbahnen

Schifahren
siehe auch Schi/Snowboard

Schwimmen
siehe Hallenbäder und Schwimmbäder

Sportklettern/Kletter-steige
siehe auch Klettern

Wandern
Juni–Oktober tgl. gratis geführte Bergwanderungen
Infos unter Tel. 0512/53 56,
www.innsbruck.info oder bei den Tourismusbüros

PARKHÄUSER
City Garage
Kaiserjägerstraße 1
Tel. 0512/58 26 42

Markthallengarage
Herzog-Siegmund-Ufer 5
Tel. 0512/58 61 61

Rathausgarage
Adolf-Pichler-Platz 6
Tel. 0664/8294 032
www.rathausgalerien.at

Sparkassengarage
Sparkassenplatz 1
Tel. 0512/59 10-42 09

POLIZEI
Bundespolizeidirektion
Kaiserjägerstraße 8
Tel. 0512/59 00-55 70
www.polizei.gv.at

SERVICE

Hoffest vor dem Goldenen Dachl

SERVICE

POSTÄMTER
Postfiliale 6010 Innsbruck
Innrain 15
Tel. 0577/6776010
Mo–Fr 9–18 Uhr

PUBS
Elferhaus
Herzog-Friedrich-Straße 11
Tel. 0512/58 28 75
www.elferhaus.at
tgl. 10–21 Uhr

Gössers
Maria-Theresien-Straße 18
Tel. 0512/57 26 29
www.goessers.at
Mo–Sa 9–2 Uhr

Krahvogel
Anichstraße 12
Tel. 0512/58 01 49
www.krahvogel.at
tgl. 10–2 Uhr, So u. Feiertage 17–1 Uhr, Küche: bis 23.45 Uhr

Limerick Bill's Irish Pub
Maria-Theresien-Straße 9
Tel. 0512/58 20 11

The Galway Bay
Kaiserjägerstraße 4
Tel. 0512/25 15 41
www.thegalwaybay.com
So–Sa 16–20 Uhr

R

RESTAURANTS
siehe Essen und Trinken und Gasthöfe

RODELBAHNEN
Mondschein- und Nachtrodeln
Jeden Donnerstag im Winter, Bustransfer direkt ab Hotel um 19.30 Uhr, Rückkehr ca. 22.30 Uhr, Leihrodel und ein Getränk. Preis 20 €. Anmeldung und Auskunft: Schi- und Snowboardschule Innsbruck
Leopoldstraße 4
Tel. 0512/58 17 42-17
www.skischool-innsbruck.com

RUNDFAHRTEN
Fiakerei Gritscher
Eggenwaldweg 50
Tel. 0676/33 43 173
www.fiaker-gritscher.at

Kristallwelten Shuttle
Innsbruck–Wattens alle 2 Std., Innsbruck Hauptbahnhof 9–15 Uhr, Wattens–Innsbruck 11.30–17.30 Uhr
Tarife: Hin- & retour + Eintritt 19,50/Gruppenpreis (ab 10 Pers.) 18,- mit InnsbruckCard gratis

siehe auch Innsbrucker Verkehrsbetriebe und Innsbruck Information

Postkutscherhof
Burglechnerstraße 35
6094 Axams
Tel. 05234/68 594
www.postkutscherhof.com

Schubert City Tour
Tel. 0512/56 31 85
Vis-à-vis der Hofburg

S

SANATORIUM
Privatklinik Hochrum Sanatorium der Kreuzschwestern
Lärchenstraße 41
6063 Rum
Tel. 0512/23 40
www.privatklinik-hochrum.at

Sanatorium Kettenbrücke der Barmherzigen Schwestern
Sennstraße 1
Tel. 0512/59 38. www.sanatorium-kettenbruecke.at

SCHWIMMBÄDER
Lanser See
Am See
6072 Lans

Jagdfest im Congresspark Igls

Tel. 0512/37 73 36
www.lansersee.at
Sommer: tgl. 9–19 Uhr

Natterer See
Ferienparadies Natterer
See
Natterer See 1
6161 Natters
Tel. 0512/54 67 32
www.natterersee.com

Tivoli Freibad
Eingang: Anton-Eder-
Straße
Tel. 0512/50 27 081
www.ikb.at

Badesee Rossau
Josef-Mayr-Nusser-Weg 29
Tel. 0512/502-70 91

siehe auch Hallenbäder

SHOPPING
EINKAUFSZENTREN
DEZ-Einkaufszentrum
Amraser-See-Straße 56a
Mo–Mi 9–19 Uhr, Do–Fr
9–20 Uhr, Sa 9–6 Uhr

Kaufhaus Tyrol
Maria-Theresien-Str. 31
Tel. 0512/9011/15
Mo–Mi 9.00–19.00
Do–Fr 9.00–20.00
Sa 9.00–18.00 Uhr
Lebensmittel ab 07.30 Uhr
www.kaufhaus-tyrol.at

Rathausgalerien
Anichstraße 8/1/
Maria-Theresien-Straße
Tel. 0512/57 48 61
Mo–Fr 9–19 Uhr, Sa 9–18
Uhr, Gastrobetriebe bis
24 Uhr

Einkaufspark SILLPARK
Museumstraße 38
Tel. 0512/56 74 00-0
Mo–Mi 9–19 Uhr, So 9–20
Uhr, Sa 9–18 Uhr

MODE
Bogner Haus Innsbruck
Maria-Theresien-Str. 12–14
Tel. 0512/35901111
shop.innsbruck@bogner.com
www.bogner.com

Fink GmbH
verschiedene Stores in
Innsbruck
by FINK's Woman:
Maria-Theresien-Straße 24
Tel. 0512/572377
by FINK's Man:
Rathausgalerien
Tel. 0512/581458
office@finks.at
www.finks.at

DANTENDORFER
Fashionlabel
Kiebachgasse 15
Tel. 0512/57 61 81
office@dantendorfer.at
www.dantendorfer.at

Mo–Fr 9.30–18
Sa 10–17 Uhr

Einwaller – 6 Stores:
Anna/Joseph/Sports-
mann/Sportsfrau/Kids/
Outlet
alle in der Altstadt
Tel. 0512/58 58 67
info@einwaller.com
www.einwaller.com
designfashion & sportswear

Peek & Cloppenburg
Kaufhaus Tyrol
Maria-Theresien-Str. 31
Tel. 0512/56 319
Mo–Mi 10–19/
Do–Fr 10–20/Sa 9–18 Uhr

DAMENMODE
Köck – Feiner Strick
Maria-Theresien-Str. 5/
Hörtnagl-Passage
Tel. 0512/588220
marion.koeck@feiner-
strick.at
www.feiner-strick.at

Luz-Pure
Maria-Theresien-Str. 5/
Hörtnagl-Passage
Tel. 512 589471
office@luz-pure.at
www.luz-pure.at

Petera Rathaus
Maria-Theresien-Straße 18
Tel. 0512/58 48 60

Rockkonzert auf dem Marktplatz

hello@petera.at
www.petera.at
Mo–Fr 9–18.30, Sa 9–18 Uhr

Zelger
Exlusive Damenmoden
Maria-Theresien-Straße 32
Tel. 0512/58 98 58
zelger.innsbruck@chello.at
Mo–Fr 9–18.30, Sa 10–17 Uhr

HERRENMODE
SCHMITT & LAIR
Anichstraße 4
Tel. 0512/58 84 04
office@schmittundlair.at
www.schmittundlair.at
Mo–Fr 9–18, Sa 9–17 Uhr

KINDERMODE
Einwaller Kids
Herzog-Friedrich-Str. 31
Tel. 0512/585867
www.einwaller.com
Mo–Fr 9.30–18.30 Uhr,
Sa 9.30–17 Uhr

Gepetto for fashion kids
0–16
Maria-Theresien-Str. 34 /
Arkadenhof
mode@gepetto.at
www.gepetto.at
Mo–Fr 9.30–18.30 Uhr,
Sa 10–17 Uhr

HEIDI'S Kinderboutique
Kiebachgasse 5
Tel. 0512/58 48 10

H&M für Kinder
EKZ Sillpark
Museumstraße 38
Tel. 810 900 470
Mo–Mi 9–19.30, Do 9–20,
Fr 9–19.30, Sa 8.30–17 Uhr

FOTOZUBEHÖR
Die Fotografen
Tanja & Charly Lair
Meinhardstraße 16
Tel. 0512/56 07 70
www.diefotografen.at

Foto Hofer
Maria-Theresien-Straße 10
Tel. 0512/58 19 92
www.foto-hofer-innsbruck.at
Mo–Fr 9–12.30, 14.30–18,
Sa 9–12.30 Uhr

OPTIK
ISSER Optik
Fallmerayerstraße 3
Tel. 0512/58 47 12
www.isser.at
Mo–Fr 8–18, Sa 8–12.30 Uhr

Miller Optik
Hauptgeschäft Meraner
Straße 3
Herzog-Friedrich-Straße 8
Tel. 0512/59 438
www.miller.at
mehrere Filialen in Innsbruck

Optik Renate Hopffer
Riesengasse 5
Tel. 0512/58 14 82

www.optik-hopffer.at
Mo–Fr 9–18.15 Uhr, Sa
9–17 Uhr

Zeitraum
Brille, Kontaktlinse
Marktgraben 1
Tel. 0512/58 03 80
www.zeitraum-innsbruck.at

SCHMUCK
Goldschmied NORZ
Maria-Theresien-Straße 8
Tel. 0512/58 44 31
www.goldschmied-norz.com
Mo–Fr 9.30–13, 14–18.15
Uhr; Sa 9.30–13, 14–17 Uhr

Schmollgruber Georg
Pfarrgasse 4
Tel. 0512/58 84 22
www.schmollgruber.cc
Mo–Fr 8.45–18, Sa 8.45–
17 Uhr

**Schmuckwerkstätte
Schipflinger**
Schlossergasse 3
Tel. 0512/58 22 20
www.schipflinger.at
Mo–Fr 9–18, Sa 9.30–13 Uhr

Swarovski „Facettenreich"
Herzog-Friedrich-Straße 39
Tel. 0512/57 31 00
swarovski.innsbruck@
swarovski.com
www.innsbruck.swarovski.com
Mo–So 8–19.30 Uhr

SERVICE

SPORTGESCHÄFTE

Burton Sportartikel
Haller Straße 111
Tel. 0512/23 00
www.burton.com

Intersport Sporthaus Okay
Maria-Theresien-Straße 47
Tel. 0512/58 31 41-0
Mo–Fr 9–18.30, Sa 9–17 Uhr
www.intersport.at

Sportler Witting
Maria-Theresien-Straße 39
Tel. 0512/58 91 440
Mo–Fr 9–18, Sa 9–17 Uhr
www.sportler.com

Snowboard Klinik
Viaduktbogen 116
Tel. 0512/90 833
www.snowboardklinik.com
Mo–Fr 9–18.30, Sa 10–15 Uhr

TRACHTENMODE

Inga Bayer
Palais Trapp
Maria-Theresien-Straße 38
Tel. 0512/58 62 05
Riesengasse 8
Tel. 0512/58 44 81
exklusive Trachtenmode

Gössl Innsbruck
Herzog-Friedrich-Straße 21
Tel. 0512/58 50 63
www.goessl.com

Tiroler Heimatwerk
Meraner Straße 2–4
Tel. 0512/58 23 20
www.heimatwerk.at

SPEZIALITÄTEN

Spezialitäten aus der Stiftgasse
ausgesuchte Destillate, feine Essige und Öle, Marmeladen
Stiftgasse 2a
Tel. 0512/57 65 80
9.30–18.30 Uhr

SOUVENIR

Gold- & Silberschmiede Brigitte Pacher-Bliem
Herzog-Friedrich-Straße 15
Tel. 0512/58 27 99
Mo–Fr 10–13,14–18, Sa 10–17 Uhr;
Juni–September:
So 13–17 Uhr
www.edelweiss-tirol.com

Höbel Souvenirs
Herzog-Friedrich-Straße 3
Tel. 0512/58 19 69
Mo–So 10–18 Uhr

Kunstklause Basilius
Kiebachgasse 3
Tel. 0512/58 23 14

S'Mitbringsl
Hofgasse 2
Tel. 0512/56 57 29

SKI/SNOWBOARD

Axamer Lizum
Tel. 05234/68 240
www.axamer-lizum.at

Glungezer
Tel. 05223/78 32
www.glungezerbahn.at

Kühtai
Tel. 05239/52 84
www.lifte.at

Muttereralmbahn
Tel. 0512/54 83 30
www.muttereralm.info

Nordkette Innsbruck (Seegrube–Hafelekar)
Tel. 0512/29 33 44
www.nordkette.com

Patscherkofel
Tel. 0512/37 72 34
www.patscherkofelbahnen.at

Rangger Köpfl
Tel. 05232/81 505
www.rangger-koepfl.at

Schlick 2000
Tel. 05225/62 270
www.schlick2000.at

Stubaier Gletscher
(ganzjährig Betrieb)
Tel. 05226/81 41
www.stubaier-gletscher.com

Erlesene österreichische Süßspeisen

SKISCHULEN

1. Schischule Kühtai
6183 Kühtai
Tel. 05239/52 31
www.schischule-kuehtai.at

Schigls Adventure
Tiroler Schi- & Rennschule
Igls Patscherkofel
Hilberstraße 10, 6080 Igls
Tel. 0512/37 73 83
www.schigls.at

Haberzettl
Axamer Lizum
6094 Axamer Lizum
Tel. 05234/68 868
www.axamerlizum.com

Patscherkofel Schi- & Rennschule
Römerweg 18, 6080 Igls
Tel. 0664/43 34 941
www.schigls.at

Ski- & Snowboardschule Innsbruck
Leopoldstraße 4
Tel. 0512/58 17 42-17
www.skischule-innsbruck.com

SKIPASS
INNSBRUCK GLETSCHER SchiPASS
Schipass in den neun
Schigebieten rund um
Innsbruck

INNSBRUCK SUPER SCHIPASS
715 Abfahrtskilometer in
den Regionen Innsbruck,
Kitzbühel und St. Anton

SKIBUS
Hotel Pick-up-Service für
die bekannten Skigebiete,
Anmeldung Vortag bis 18
Uhr
busreisen-tirol@lueftner.at
Tel. 0676/846311528
Fahrpläne auch unter:
www.innsbruck.info

STADTFÜHRUNGEN
Per Pedes Stadtführungen®
Burggraben 3/1
Tel. 0664/4339419 oder
0512/575089
office@perpedes-tirol.at
www.perpedes-tirol.at
tgl. Stadtspaziergänge um
14 Uhr (Juli/August auch
um 11 Uhr), tgl. Hofburg-
Führungen um 12.30 Uhr
(Hofburg Nov. geschlossen)
Führungen in hist.
Kostümen, spez. Programm-
angebot, hist. Events

STADTMAGISTRAT INNSBRUCK
Maria-Theresien-Straße 18
Tel. 0512/53 60-0
www.innsbruck.at

STADTMARKETING
Innsbrucker Stadtmarketing
Stiftgasse 19/I
Tel. 0512/56 15 00
www.innsbruckmarketing.at

STROMSPANNUNG
220 Volt, 50 Hertz

STUDENTENHEIM
Akademische Verbindung Austria
Josef-Hirn-Straße 3
Tel. 0512/58 63 16

Haus Panorama
Fürstenweg 174
Tel. 0512/22 08 40

Europaheim
Techinkerstraße 9 b
Tel. 0512/22 26
www.europaheim.at

Rössel in der Au
Höttinger Au 34
Tel. 0512/27 57 01

Bischof Paulus Heim
Santifallerstraße 3
Tel. 0512/56 55 42
(Uni-Pfarre)

Cafés & Gastgärten in der Altstadt

T

TAXI

Innsbrucker Funktaxi-Zentrale
Salurner Str. 1
Tel. 0512/5311
office@taxi-innsbruck.com

TELEFON

Vorwahl Österreich:
0043
Vorwahl Innsbruck:
(0)512

A1-Shop
Wilhelm-Greil-Straße 21
Tel. 0512-21 24 69
Mo–Fr 8–18, Sa 9–13 Uhr

Orange-Shop
Kaufhaus Tyrol
Hotline 0800/699 889
info@orange.co.at
Mo–Mi 9–19 Uhr/Do–Fr
9–20 Uhr/Sa 9–18 Uhr

International Telephone Discount
Südtiroler Platz 1
Tel. 0662/63 06 30

TENNIS

ITC Sparkasse
Radetzkystraße 7
Tel. 0512/34 62 50
www.itc-tennis.at

Sparkassentennisclub Innsbruck
Sparkassenplatz 1
Tel. 0512/28 58 58

TC Parkclub Igls
Patscher Straße 21
A-6080 Igls
Tel. 0512/37 72 07-14
www.parkclub-igls.com

THEATER

Innsbrucker Kellertheater
Adolf-Pichler-Platz 8
Tel. 0512/58 07 43
www.kellertheater.at

Kammerspiele Innsbruck
Eingang: Universitäts-straße 3
www. landestheater.at

Kulturgasthaus Bierstindl
Klostergasse 6
Tel. 0512/58 67 86
www.bierstindl.at

Organisation Kinder- & Jugendtheater
Tel. 0512/520 74-358
www. landestheater.at

Schauspielschule Sachers
Heiliggeiststraße 4
Tel. 0512/56 12 67
www.schauspielschule-sachers.at

Theater an der Sill
Kravoglstraße 19
Tel. 0512/36 29 29
www.theater-sill.at

Tiroler Landestheater
Rennweg 2, Tel. 0512/52 074
Kassa Tel. 0512/52 074-4
www. landestheater.at

TIERHEIM

Hundepension Kranebitten
Walter & Sonja Birnbaumer
Kerschbuchhofweg 3
Tel. 0512/28 33 90
www.hundepension.at

Tierheim Innsbruck-Mentlberg
Tierschutzverein Tirol
Völser Straße 55
Tel. 0512/58 14 51
www.tierschutzverein-tirol.at

TIROLER LANDESMUSEEN

Tiroler Landesmuseum
Ferdinandeum
Museumstraße 15
Tel. 0512/59 489
www.tiroler-landesmuseen.at

siehe auch Museen

TIROL SHOP

Maria-Theresien-Straße 55
Tel. 0512/5321-538
www.tirolshop.at

Altes Tiroler Bauernhaus

SERVICE

TIROL WERBUNG
Maria-Theresien- Straße 55
Tel. 0512/53 200
www.tirolwerbung.at

TIROLER WIRTSHÄUSER
siehe auch Essen und Trinken und Gasthöfe

Verein Tiroler Wirtshauskultur
Obere Feldgasse 4
6500 Landeck
Tel. 05442/68 499
www.tiroler-wirtshaus.at

TOURISMUSVERBAND INNSBRUCK UND SEINE FERIENDÖRFER
Innsbruck Tourismus
Tourist Office
Burggraben 3
Tel. 0512/59 850
www.innsbruck.info

TRINKGELD
Für Dienstleistungen im Gastgewerbe und Tourismus wird in Österreich, wie auch in anderen EU-Ländern, Trinkgeld erwartet. Zwischen 10–15% vom Rechnungsbetrag sind angemessen.

U

UNFALL-AMBULANZ
Unfallchirurgie 7 Nord
Tel. 050504/22 845

Unfallchirurgie Kinderstation 5 Nord
Tel. 050504/22 539

Tagesklinik
Tel. 050504/80 053

Terminvergabe
Tel. 050504/22 828

UNIVERSITÄT
Leopold-Franzens-Universität
Christoph-Probst-Platz, Innrain 52
Tel. 0512/50 70
www.uibk.ac.at

V

VERANSTALTUNGEN
Vier-Schanzen-Tournee Bergisel-Schispringen
4. Jänner
www.4schanzentournee.com

Air & Style am Bergisel
www.air-style.com

Faschingsumzug
Mullerlauf in Rum, Thaur

Palmsonntags-Prozessionen Thaur

Herz-Jesu-Feier – Bergsonnwende

Christkindleinzug

Bergsilvester
31. Dezember, Innenstadt

Neujahrskonzert
1. Jänner, 17 Uhr
Mehr Infos:
www.landestheater.at
www.innsbruckmarketing.at
www.innsbruck.info

siehe auch Festivals

VERKEHRSMITTEL
siehe IVB

VIGNETTE
Jahresvignette 2014: 82,70 €,
2-Monats-Vignette 24,80 €,
10-Tages-Vignette 8,50 €/4,50 €.
www.asfinag.at/maut/vignette

siehe auch Anreise

Obernberger See

W

WÄHRUNG
Euro (€), 1 Euro = 100 Cent

WANDERN
Vorschläge: www.almen-
rausch.at/tourenindex/
almentouren.html

WETTERINFO
Regionales Alpenwetter
www.wetter.at
Tel. 0900/91 15 66 81

Lawinenwarndienst Tirol
Tel. 0512/15 88 (Lawinen-
info), www.lawine.at

WOHNMOBIL-
STANDPLÄTZE
An stark frequentierten
Tagen auch auf dem Gelän-
de der Innsbrucker Messe

möglich (Auskunft Polizei)
siehe auch Campingplätze

Z

ZEITZONE
MEZ, MESZ

ZOLLBESTIMMUNGEN
**Richtmengen für die
zollfreie Einfuhr nach
Österreich aus EU-Ländern
(zum Eigenbedarf):**
Zigaretten: 800 Stück
Zigarillos: 400 Stück
Zigarren: 200 Stück
Rauchtabak: 1 kg
Spirituosen: 10 l
Wein (davon max. 60 l
Schaumwein): 90 l
Bier: 110 l

**Höchstmengen für die
zollfreie Einfuhr nach
Österreich aus Drittstaa-**
**ten (zum persönlichen
Gebrauch/Geschenk, pro
Person ab 17 Jahren):**
200 Zigaretten oder 100
Zigarillos (Zigarren mit
höchstens 3 g Stückge-
wicht) oder 50 Zigarren
oder 250 Gramm Rauchta-
bak; 1 l Spirituosen (über 22
% vol.) oder 2 l Spirituosen
(max. 22 % vol.), Schaum-
weine, Likörweine; 50 g
Parfums und 0,25 Liter Eau
de Toilette

Duty-Free-Einkäufe sind bei
direkten Reisen innerhalb
der EU nicht mehr möglich.

Für Tabakwaren aus gewis-
sen neuen EU-Mitglied-
staaten gelten verringerte
Freimengen. Andere Waren
bis zu einem Gesamtwert
von 175 € pro Reisendem,
mehrere Reisende dürfen
ihre Reisefreigrenzen nicht
zusammenrechnen.

SERVICE

Alpenzoo Innsbruck-Tirol

Weltweit einmalig:
2000 Alpentiere von 150 Arten

Weiherburggasse 37 / A-6020 Innsbruck
T: +43/512-29 23 23
office@alpenzoo.at / www.alpenzoo.at

täglich ab 9 Uhr

ALPEN ZOO
INNSBRUCK · TIROL

Kombiticket Alpenzoo ab Congress Innsbruck:
Parken + Hungerburgbahn + Eintritt Alpenzoo
(www.nordkette.com)

---

sightseer.at

ZIMMERMANN PFIFF

Entdecken Sie Innsbruck.

Innsbrucks Sightseeing-Bus zu den
Sehenswürdigkeiten der Stadt.
Mit Audio-Guide zu Attraktionen
und Besonderheiten, Wissenswertem
und Historischem.
09:00 – 18:00 Uhr alle 40 Minuten

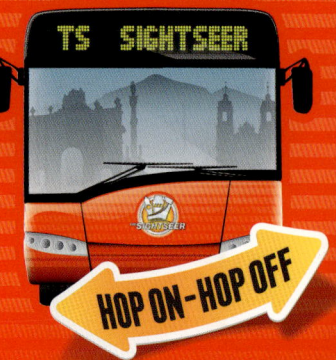

TS SIGHTSEER

HOP ON - HOP OFF

Innsbruck Information
Burggraben 3, 6020 Innsbruck
Telefon +43 512 5356 0
www.sightseer.at

Entgeltliche Einschaltung

IVB

INNS'
BRUCK
DIE HAUPTSTADT DER ALPEN
UND IHRE FERIENDÖRFER

Tirol

Die neue
Tirol Kollektion

· Tirol Shop Innsbruck · Maria-Theresien-Str. 55 · 6020 Innsbruck · www.tirolshop.com

Bergsommer Tirol

Tirol / Herz der Alpen

ORTSREGISTER

> **HINWEIS**
> *Nummern/Buchstaben in Klammern
> beziehen sich auf die Nummerierung
> der Karten im Umschlag.*

BILDNACHWEIS

Air & Style, Antti Autti/Billabong.com: Seite 73

Auer Jim/Pürstinger Christian: Seite 26, 32, 33, 39, 41, 47, 55, 63–64, 67, 70, 102–103

Axamer Lizum: Seite 98

Berger Gerhard: Seite 77, 82, 89, 127–129

Dauth Stephan: Seite 90–91

Frenzel Monika: Seite 17, 33, 35, 58, 66, 124

Hofburg Innsbruck: Seite 38

Klangspuren Schwaz: Seite 108

Kunsthistorisches Museum: Seite 7, 15, 34–35, 49, 59, 65, 67, 81

Olympiaworld Innsbruck: Seite 119, 122

Orgelstadt Innsbruck: Seite 45

Pogorelcnik Shirley: Seite 52, 53, 105, Umschlag rechts oben

Prock Anton: Seite 54, 66, 107

Rathmayr Michael: Seite 29, 42, 44, 80, 125, 130–132, Klappe Bild Frenzel

Schloss Tratzberg: Seite 12, 109

Südtiroler Landesmuseum für Kultur & Geschichte: Seite 9

Tiroler Landesmuseen: Seite 8, 13, 14, 18, 78–79

Tirol Werbung: Seite 99, 115

Triebwerk Sportmanagement: Seite 118

Tourismusverband Innsbruck & seine Feriendörfer: alle Bilder am Umschlag sowie Seite 1, 3, 16, 19, 21, 23–25, 27, 28, 30–32, 37, 40, 43, 46, 51, 56, 61, 69, 71, 75, 84–85, 87–88, 93–97, 101, 106, 111–114, 116– 117, 120–121, 123, 126, 133

LITERATURNACHWEIS

Kunst in Tirol, I. Von den Anfängen bis zur Renaissance, II. Vom Barock bis in die Gegenwart, hrsg. von Paul Naredi-Rainer & Lukas Madersbacher, 2007, mit weiterführender Literatur

Österreichische Kunsttopographie, Kunstdenkmäler der Stadt Innsbruck, „Profanbauten", Bd XLV, 1981 Bd 1 und 2, „Die Hofbauten", Bd XLVII, 1986, „Sakralbauten" Bd LII, 1995 Bd 1 und 2

Egg Erich, **Kunst in Tirol,** 2 Bde, 1970/72

Hye Franz-Heinz, **Innsbrucks Geschichte & Stadtbild,** Sonderband Tiroler Heimatblätter, 1980

Forcher Michael, **Tirols Geschichte in Wort und Bild,** Neuauflage 2008

Forcher Michael, **Andreas Hofer,** 2008

Höpfel Jutta, **Innsbruck, Residenz der alten Musik,** 1989

Felmayer Johanna, **Das Goldene Dachl in Innsbruck,** 1996

Caramelle Franz, Pawlowski Hella, **Innsbruck,** 1996

Frenzel Monika, **Gärten in Tirol – von der Renaissance bis heute,** 1998

Pizzinini Meinrad, **Andreas Hofer,** 2008

Frenzel Monika, **Maximilian I. – Triumph eines Kaisers,** Ausstellungskatalog Hofburg 2005/06 mit Literaturangaben

TYROLIA   Alles **Buch**bar auf **www.tyrolia-verlag.at**

Lernen Sie Tirol (neu) kennen!

2. erw. & aktual. Neuausgabe: mit Osttirol!

Anton Prock
Reiseführer Tirol
Alle Orte und Sehenswürdigkeiten in Nord- und Osttirol. Mit Freizeittipps
368 Seiten, 197 farb. u.
1 sw. Abb., 7 Stadtpläne,
2 Kartenskizzen,
8 Übersichtskarten,
Klappenbroschur
ISBN 978-3-7022-3130-9

Atemberaubende Natur, Städte mit mittelalterlichem Flair, malerische Bergdörfer sowie ausgezeichnete Sport- und Freizeitmöglichkeiten – Tirol hat sehr viel zu bieten. Diese auf den neuesten Stand gebrachte und um den Bezirk Osttirol erweiterte Neuauflage richtet sich an Einheimische wie Gäste und stellt ein Land vor, das wie kaum ein anderes reich ist an außergewöhnlichen landschaftlichen und kulturellen Höhepunkten.

TYROLIA

Alles **Buch**bar auf **www.tyrolia-verlag.at**

Der Begleiter für alle Kunstfreunde

Reinhard Rampold (Hg.)

Kunstführer Tirol

Die 400 bedeutendsten Kunstschätze in Nord- und Osttirol

416 Seiten,
ca. 250 farb. u. sw. Abb.
Klappenbroschur
ISBN 978-3-7022-3300-6

Ein Team aus erfahrenen Kunsthistorikern beschreibt in diesem kompakten Kunstführer die wichtigsten Kunstschätze Tirols. Gegliedert nach Bezirken werden rund 400 Objekte vorgestellt: Von Burgen und Kirchen über Fresken und Bauernhäusern bis zu Brunnen und Bergbahnen reicht die Auswahl. Mehr als die Hälfte der Objekte sind in Farbe abgebildet und eine Landkarte zu jedem Bezirk hilft dem Kunstfreund, diese einzigartigen Schätze aufzusuchen.

IMPRESSUM

Alle Angaben in diesem Führer wurden sorgfältig recherchiert (Stand April 2014) und erfolgten nach
bestem Wissen der Autorin. Sollten Sie trotzdem Unstimmigkeiten entdecken, nehmen Autorin und
Verlag gerne Verbesserungsvorschläge und Korrekturhinweise entgegen (buchverlag@tyrolia.at).
Soweit bekannt, finden Sie allfällige Aktualisierungen und Korrekturen unter www.tyrolia.at.
Die Benutzung dieses Führers geschieht auf eigenes Risiko. Eine Haftung für etwaige Unfälle und
Schäden wird aus keinem Rechtsgrund übernommen.

Bibliografische Information Der Deutschen Nationalbibliothek
Die Deutsche Nationalbibliothek verzeichnet diese Publikation in der Deutschen Nationalbibliografie;
detaillierte bibliografische Daten sind im Internet über
http://dnb.d-nb.de abrufbar.

5., aktualisierte Auflage 2014
© Verlagsanstalt Tyrolia, Innsbruck
Umschlaggestaltung, Layout und Satz: Philipp Frenzel, www.frenzelgrafik.com
Inserat und Logo auf Seite 137 © 2014 Tirol Werbung GmbH
Stadtplan Innsbruck, basierend auf einem Plan von Rolf Opitz, adaptiert von Philipp Frenzel
Druck und Bindung: Alcione, Lavis
ISBN 978-3-7022-2897-2
E-Mail: buchverlag@tyrolia.at
Internet: www.tyrolia-verlag.at

Tyrolia – 3 x in Innsbruck!

TYROLIA BUCH · PAPIER INNSBRUCK
Maria-Theresien-Straße 15
Tel. +43 (0) 512/2233-0
innsbruck@tyrolia.at

TYROLIA BUCH · PAPIER im Kaufhaus Tyrol
Maria-Theresien-Straße 31
Tel. +43 (0) 512/2233-400
kaufhaus-tyrol@tyrolia.at

TYROLIA BUCH DEZ Einkaufszentrum
Amraser-See-Straße 56
Tel. +43 (0) 512/325 - 820
buchimdez@tyrolia.at

TYROLIA

Alles **Buch**bar auf **www.tyrolia-verlag.a**